U0910967

# 奠基者

易中天 著

浙江文艺出版社

天，高高在上，默默无言，但明察秋毫，洞悉一切。

自称“受天命而居中国”的周人，将以制度的创新和文化的重建，为中华文明定音奠基。

# 目录

第三章
## 西周大封建



第四章
## 天下为家

武王砍下了纣王的脑袋，
不等于拔掉了殷商的根子。
生于忧患又偷天换日的周人，
必须证明革命的合理性和政权的合法性。

# 第一章

# 生于忧患

## 胜利者的惊悚

据说，殷纣王是自焚而死的。

据说而已，并无证据。[1]

没人知道他当时怎么想，也没人解释周武王为什么能在一片火海和焦土中找到纣王的尸身，并把他的脑袋割下来。这就正如没人知道埃及女王克娄帕特拉在跟屋大维打得不分上下时，为什么会突然撤出自己的舰队，抛下情郎安东尼，匆匆忙忙回到王宫自杀。历史都是由胜利者书写的。失败者就像水里的鱼，即便流泪也没人在意，更不会留下痕迹。

我们只知道，周武王甚至来不及脱下战袍，就借用商人的宗庙向皇天上帝和列祖列宗秉告胜利，并宣布接手政权，以“中国”自居了。[2]

当然，真正的开国大典，还必须以更盛大更隆重的祭祀仪式在周的京城举行。那时，他们将在天帝的身边看见早已去世的先祖文王，看见他老人家的在天之灵正以欣慰的眼光，慈爱地看着自己表现出色的子孙。

然而周公却是心头一紧。[3]

周公是文王的儿子、武王的弟弟、成王的叔叔，也是周文化和周制度最重要的创始人之一。在这样的仪式上，他诚惶诚恐是可能的，心存敬畏是可能的，庄严肃穆更是可能的，怎么会惊悚呢？莫非看见了什么？

正是。

他看见战败的殷商贵族，看见那些往日的人上人，正排着队伍毕恭毕敬地鱼贯而入。

一股悲凉之情，在周公心底油然而生。

也许还有酸楚。

是啊！想当年，殷商的祭祀何等气派而奢华。上百头的牛羊，数不清的酒具，琳琅满目的珠宝，还有献祭的活人。作为附庸小国的周，不也得派出代表助祭，规行矩步地行礼如仪，甚至眼睁睁地看着他们大开杀戒吗？然而现在，这些衣冠楚楚仪表堂堂的殷商贵族，却只能充当助理，拜祭周人的祖先。

天，真是说变就变！

据周公后来自己说，那一刻，他想了很多。他想，商的祖先，不也光荣伟大吗？商的子孙，不也万万千千吗？然而天命一旦改变，他们就成了这副德行。那么，我们周的子孙，会不会也有一天穿着别人的礼服，戴着别人的礼帽，跟在别人的后面，祭祀别人的祖宗？

完全可能。

周公清楚地记得，武王伐纣，出兵是在正月（子月），胜利是在二月（丑月），实际只用了三十多天。这实在太快了！如果他知道，后来全副现代化武装的美英联军，推翻萨达姆政权尚且用了五十六天，恐怕真会倒吸一口冷气。

高耸的楼台，为什么说倒就倒？铜铸的江山，为什么不堪一击？历史的悲剧，会不会再次重演？新生的政权，能不能长治久安？

周公忧心忡忡。

没错，皇天上帝的心思，谁也猜不透。他钟爱过夏，眷顾过商，现在又看好周，这可真是“天命无常”。看来，没有哪个民族是“天生的上帝选民”，也没有哪个君主是“铁定的天之骄子”。一切都会变化。唯一不变的，是变。

这就万万不可粗心大意，必须以殷商的灭亡为教训，谦虚谨慎，戒骄戒躁，居安思危。显然，在突如其来的胜利面前，周人没有骄傲得像得胜的公牛，反倒如同站在了薄冰之上、深渊之前，小心翼翼，战战兢兢。

这是一种忧患意识。

是的，忧患。事后，周公在他创作的赞美诗《文王》中，曾这样告诫自己的族人和同盟——

> 殷的贵胄来到了周京，
> 天的心思可真没有一定。
> 请把殷商当作明镜，
> 想想怎样保住天命，
> 保住万邦的信任。[4]

周人，为什么这样理智冷静？

也许，因为他们是农业民族。

## 泾渭之间

按照周人自己的说法，他们的始祖叫“弃”。

弃，是一个实在的人名，还是部族的族名？不清楚。但周人说他是一个人，母亲叫“姜嫄”。姜嫄因为踩到一个巨大的脚印，便怀孕生下了弃。据说，弃在尧舜的时代，担任过联盟的农业部长，叫“后稷”。后即领导，稷为谷子，后稷的意思，就是“主管农业”。为什么尧让弃主管农业呢？因为他是最早种谷子和麦子的人，被人们尊为农神。

弃，是三四千年前的“袁隆平”。

这当然是传说。但要说周族重农，则不成问题。周的甲骨文和金文字形，就是一块农田。事实上，夏商周能够轮流坐庄，先后成为先进文化的代表，是因为有先进的生产力撑腰。他们的优势，夏是水利技术，商是青铜技术，周是农业技术。周，是一个农业民族。

◎甲骨文的“周”（新1269）。

◎金文的“周”（德方鼎，王在成周）。

然而到夏文明衰落时，周人却放弃农业，把自己变成了游牧民族，“奔于戎狄之间”，直到公刘的时代才重归农业。公刘是人名，准确地说叫“刘”，公则是头衔，相当于王或侯。他应该是周人靠得住的始祖。号称“公刘”，则可能是这时周人已经建立了部落国家。

公刘之后若干代，是公亶父（亶读如胆）。公亶父的名字是亶父，公也是头衔。[5]他后来被追认为“太王”。亶父有三个儿子，老大太伯和老二虞仲据说是吴国的始祖。老三季历接班，被称为公季或王季。

季历的儿子就是周文王，文王的儿子则是武王。周族的世系，大约如下——

| 历史地位 | 姓名 | 称号 | 关系 |
|---|---|---|---|
| 传说的始祖 | 弃 | 后稷 | 姜嫄之子 |
| 创建部落国家者 | 刘 | 公 | 传为弃之后 |
| 迁至周原建立周国者 | 亶父 | 公，太王 | 传为公刘之后 |
| 发展壮大周国者 | 季历 | 公季，王季 | 亶父三子 |
| 准备推翻殷商者 | 姬昌 | 文王 | 王季长子 |
| 实施推翻殷商者 | 姬发 | 武王 | 文王次子 |

当然，所谓公刘的时代重归农业，也可能是周人的粉饰之词。实际情况，是之前他们文化落后，不被看作“诸夏”，而被看作“戎狄”。但不管怎么说，到公亶父时，他们迁到了岐山之下的周原（今陕西省岐山县)，族名也开始叫“周”。

周原可是个好地方。

说起来周原也是“美索不达米亚”，即“两河之间”。这两条河，就是“泾渭分明”的泾水和渭水。这里土地肥沃，水草肥美，据说就连野菜都是甜的，猫头鹰叫起来都像唱歌。[6]移民到这里的周族，开荒种地，也放牧牛羊。《诗·小雅·无羊》这样唱道——

谁说你没有羊?
三百只喜洋洋。
谁说你没有牛?
七尺长九十头。
你的羊来了，
角和角挤在一起;
你的牛来了，
大耳朵摇来摇去。[7]

其实，早在公亶父之前三四百年的公刘时期，周已俨然农业大族。公刘是带着族民迁徙过的，但那显然是为了开拓进取。所以，他只带走了部分族民，还有一部分留在原地。留在原地的作了安顿，打算迁徙的准备充分。《诗·大雅·公刘》这样唱道——

不安于现状，
不安于小康。
划清田界，
装满谷仓。
备足干粮，
背起行囊。
干戈斧钺，
全副武装。
我们这才奔向远方。[8]

呵呵，他们是不会贸然行事的。

这是典型的农业民族风格。

是的，农业生产周期长，劳作苦，收获又没保证。不违农时是必需的，精耕细作是必需的，费心费力也是肯定的。然而秋收时节的一场暴雨或冰雹，便前功尽弃，颗粒无收。这就忧患，就理性，就必须精打细算，未雨绸缪，不可能像商业民族那样“豪赌”：既敢一掷千金，又能一本万利。

因此，一直在内陆腹地春耕夏耘的周族，不会像来自渤海岸边又把生意做到世界各地的商族，披着海风，带着贝壳，靠着青铜器和甲骨文，沉醉于科学、技术、预言和政治化巫术，把自己的文明演绎得浪漫而神奇，诡异而绚烂。

商与周，就像泾水和渭水。

这两种文明的风格差异，甚至表现于他们对待神祇和祖宗的方式——商人请神喝酒，周人请神吃饭。考古发现证明，商的礼器多为酒器，周则多为食器。不难想象，周人的祭祀仪式要庄严肃穆得多。他们会严格按照礼制的规定，摆放好煮肉的鼎和盛饭的簋（读如鬼），在钟鸣声中默默与神共食，绝不会像商人那样觥筹交错，灯红酒绿，纸醉金迷，最后变成步履蹒跚的裸体舞会。[9]

哈！商人是“酒鬼”，周人是“食客”。

尼采说过，希腊艺术有两种精神：酒神精神和日神精神。酒神精神又叫狄俄尼索斯精神，即感性精神。日神精神又叫阿波罗精神，即理性精神。感性和理性的统一，是希腊文明的秘密所在。

如果借用这个说法来看待中华史，那么，商就是我们的狄俄尼索斯，周则是我们的阿波罗。所以，商灵性，周理性；商浪漫，周严谨；商重巫官，周重史官；商重鬼神，周重人文。只不过西周以后，周文化成了“主旋律”，商传统则变成“亚文化”，只能在南方地区和少数民族那里若隐若现。

商文化退居二线，几乎是必然的。

因为中华文明的底色，连同我们民族的历史和文化心理，都将被周人刷新。

## 农村包围城市

周人开始打商的主意，大约是在他们迁到岐下的时候。

这是周人自己说的。他们的赞美诗《诗·鲁颂·閟宫》（閟读如必），就说“后稷之孙，实维大王；居岐之阳，实始翦商”。大王就是太王，即公亶父，也有学者认为是文王之父王季。总之，按照这个说法，周人似乎刚从部落变成部落国家，就耗子腰里别了杆枪，起了打猫的心思。

然而考古学的发现和史学家的研究都证明，周的政治力量、经济力量和军事力量，其实跟商相距甚远。那么，他们靠什么成功？

谋划和经营。

第一步是“笼络友邦”。友邦包括诸羌和诸夏，代表分别是羌族的姜，夏族的召（读如绍）。周是以夏族自居的。他们与召族都姓姬，与姜族则是婚姻关系。弃的母亲，就是羌族女子姜嫄。以后，姬姜世代通婚。亶父之妻是太姜，武王之妻是邑姜。西周天子，每隔一代就有一位姜姓的王后。姬周与姜，亲如一家。

相反，羌族跟商则是死敌。卜辞中经常提到，商人俘虏羌人，用来做献祭的牺牲品。所以周初三公，就是周公、召公和姜的太公。太公望是太师，周公旦是太傅，召公奭（读如是）是太保。

他们也都是炎黄子孙，因为炎帝姓姜，黄帝姓姬。

第二步是“经营南国”，包括周族和召族向南发展为周南和召南，也包括在江汉平原建立据点。还有东南吴国，开国君主是文王的两个伯父。他们跑到吴，据说是为了让位给文王的父亲。现在看来，说不定倒是亶父派出去的，目的是要抄殷商的后路。

周人的布局，稳扎稳打，步步为营。

羽翼丰满的周人开始实施第三步，这就是“大挖墙脚”。文王号称西伯，成为商西霸主后不久，就毫不客气地灭了商的若干附庸国，比如密（甘肃灵台）、黎（山西上党）、邘（河南沁阳）、崇（陕西西安）。灭崇以后，他们还把那地方变成了自己的前线指挥部，叫“丰邑”。

这就几乎到了商的大门口，而且南、北、西三面，都是周的势力范围或者同盟军，正所谓“三分天下有其二”。当然，这三分之二的天下，主要是农村。作为农业民族，也作为后起之秀，周人只能在商王鞭长莫及的农村做文章。物质财富、人力资源和精锐部队，仍然集中在城市，在商王的手里。

农村包围城市，能成功吗？

难讲。

周人不能不忧患。

也就在这时，他们完成了《周易》一书。古人说它是文王的作品，这当然既无法证实，也无法证伪。但说《周易》产生于殷周之际，作《易》者“其有忧患”，是不错的。因为《周易》的核心思想就是“变”，主要内容则是六十四卦的演变。那么，你怎么知道老天爷变不变卦？

然而历史常常会有惊人之笔，事情的发展和变化也比人想象的快。就在周人从西、北、南三面包抄殷商时，东边的夷族也揭竿而起。东夷动手比西周早，殷纣王当然要先对付他们。结果，殷商虽然获胜，却实力大损，元气大伤。战败的夷人也心存怨恨。因为按照惯例，他们被俘后不是变成奴隶做牛做马，便是变成祭坛上的人肉包子。

周武王的机会到了。

武王信心满满。在多国部队的誓师大会上，他把握十足地对联军将士说：别看“受”（殷纣王）有亿兆夷人，没有一个跟他同心同德！

事实证明，正是如此。

我们不知道武王出兵前，有没有读他父王的遗著。如果他读了《易》，也许会在乾卦下面看见这样一句："飞龙在天，利见大人。"[10]

是时候了，干吧！

## 新政权面临危机

胜利还是来得太快。

突如其来的胜利让周人措手不及。好在他们头脑清醒，很快就认清了形势，找到了对策。

且看天下大势。

当时的天下，大约有相当多的族群。商，就是由他们组成的松散联盟。商王国是其盟主和核心，成员国则有的死心塌地，有的口是心非，有的离心离德，有的图谋不轨，更有一些并不加盟的散兵游勇在外观望，并蠢蠢欲动。现在周人把盟主干掉，蒜头就变成了蒜瓣，不难想象天下会是什么样子。

何况这些族群也五花八门。中原地区是“诸夏”，西部地区是“诸羌”，东有“东夷”，北有“北狄”，南方则有“百濮”和“群蛮”。其中有部落国家，也有部落和氏族，对待商和周的态度也不一样。有的亲商，有的亲周，有的摇摆，有的独立。只有一点相同：没有一个是省油的灯。

更何况，即便是周的同盟国，也有一个“按劳取酬，坐地分赃”的问题。

但当务之急还是对付殷商。

事实上，所谓“武王伐纣成功”，只是端掉了殷商的“总指挥部”。战败的商人除一部分退到辽东半岛和朝鲜半岛外，大部分残余势力仍然散布中原，盘踞淮岱，随时准备卷土重来。

这就不可不防。周人的办法则是分而治之。武王先是为殷商遗民建立了一个傀儡政权，君主是殷纣王的儿子武庚。然后把商的国土分为三块，分别派自己的兄弟管叔、蔡叔和霍叔各率一支部队进行监视，号称“三监”。

如此双管齐下，应该靠得住了吧？

然而恐怕就连武王也没有想到，他一死，傀儡武庚和东方的部落国家，一个个全都反了。而且挑头的，居然就是派出去监视殷人的那三支部队。

这在历史上，就叫“管蔡之乱”。

新生的西周政权，面临巨大压力和严重危机。

当然，叛乱最终被周公、召公和太公之子联手平息。武庚和管叔被杀，蔡叔和霍叔被流放，参加叛乱的殷商贵族则被称为“顽民”或“殷顽”。周公又连哄带骗把他们弄到洛阳，住进新城“成周”，进行集中管理和思想改造，并在成周西边三十里建“王城”，作为西周的东都。这才算是“宝塔镇河妖”。

忧患是有道理的。

更可贵的是理性和冷静。无论是武王伐纣，还是周公平叛，胜利了的周人都没把殷商贵族当战俘。既没给他们戴上镣铐关进地牢做奴隶，也没把他们当亡国奴。武庚被杀后，周人又把殷的旧都商丘封给了纣王的庶兄微子启，国号叫宋，待遇是最高一级的公爵。那些不愿意臣服于周的，则任其远走他乡。其中有一部分，据说跨过白令海峡到达美洲，成为印第安人的先祖。

为殷顽筑建的成周，也不是德国纳粹的集中营。住在那里的殷商贵族，仍然保留自己的领地和臣属。被赋予监视殷顽任务的卫侯康叔，则被告诫要延续商的法律，重用商的贤人，尊重商的传统，包括以宽容的态度对待其饮食习惯。比如周人群饮，就杀无赦；商人酗酒，则网开一面。

西周统治者，难道是观音菩萨？

当然不是。他们这一套，不过怀柔政策，甚至别有用心。比如放任商人酗酒，就有“任其吸毒”之嫌。但在周公后代的鲁国，殷商遗民可以有自己的祭坛，叫“亳社”(亳读如博)。亳社与周社是并尊的，周人对亳社也一直恭敬有加，这难道还不算开明？

不是“天性仁慈”，也未必“用心险恶”，周人为什么会这样？

忧患。

## 天命与授权

忧患伴随了周公一生。他曾经对儿子说，我身为文王之子、武王之弟、现任周王之叔，地位不低吧？但我“一沐三捉发，一饭三吐哺”，洗头吃饭都常常中断，不能尽兴。为什么？我是时时警惕，不敢怠慢呀！

奇怪！叛乱不是平息了吗？他还忧虑什么？

人心不服。

事实上，正是武庚和三监的反叛给周公敲响了警钟。他很清楚，新政权不可能建立在一夜之间，单凭武力也难以服众，哪怕再加怀柔政策。是啊，周作为蕞尔小邦，凭什么说当老大就当老大？再说了，周以远逊殷商之国力，居然一战而胜。这样的胜利，保得住吗？这样的政权，靠得住吗？

难讲。

其实不要说别人，周人自己恐怕也嘀咕。这就需要解释，需要说明，需要论证，需要从思想上和理论上回答和解决两个重要问题。

哪两个问题？

革命的合理性，政权的合法性。

这是不能不想，也不能不答的。要知道，这事直到战国和秦汉，也仍然有人质疑。齐宣王就问过孟子，儒道两家也在汉宣帝时辩论过。以今度古，在西周政权未稳之时，岂能不议论纷纷？作为当事人，周公他们又岂能置之不理？

周人坦然作答。[11]

但，从周公到召穆公，以及他们的后人，说来说去，主题却只有一个——

天命。

什么是“天命”？不是“运气”，而是“授权”。所谓“天命玄鸟，降而生商”，就是说皇天上帝派玄鸟为天使，赋予商人以历史使命。

由此获得的“权利”，叫“居中国”；由此获得的“权力”，则叫“治天下”。居中国是“代表权”，可以代表华夏文明；治天下是“统治权”，可以治理华夏民族。可见，治天下的前提是居中国。用西周青铜器何尊的铭文来表述，就叫“宅兹中国”。这也是周人要在洛阳再建新都的原因之一。

居中国，为什么是前提呢？

这就牵涉到我们民族对世界的看法。古人认为，我们的世界是由天和地组成的。天在上，地在下；天是圆的，地是方的。高高在上的天就像穹庐，笼罩四野。所以，全世界就叫“普天之下”，简称“天下”。圆溜溜的天扣在正方形的地上，多出的四个地方是海，东西南北各一个，叫“四海”。天下，就在这“四海之内”，简称“海内”。四四方方的“地”画两条对角线，交叉点就是“天下之中”。在那里建设的城市和政权，就叫“中国”。

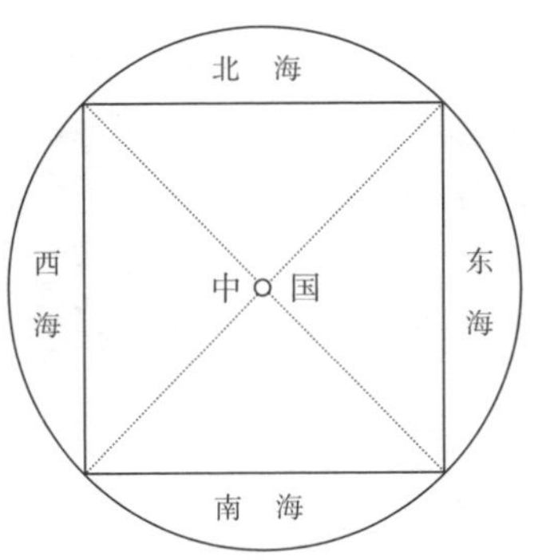


◎古人所认为的天圆地方世界。

天下之中的“中国”，对应着天上之中的“中天”，因此是正宗、正统、正规。夏商周（包括后世）都要“居中国”，争夺的就是“正”。正，意味着联盟的老大或王朝的君主已得

“天心”，是当之无愧的“天之骄子”，简称“天子”。

但这与地理位置其实关系不大，否则不可能迁都。偏安一隅当然不行，适当移动则未尝不可，关键在于获得天的授权。授权就是“天命”，得到授权则叫“奉天承运”。相反，如果皇天上帝收回成命，不让某人或某族再当天子，就叫“革除天命”，简称“革命”。商汤灭夏桀，就是“商革夏命”；周武灭殷纣，则叫“周革殷命”。因此，武王伐纣，是合理的；西周政权，是合法的。

受天命则居中国，居中国则治天下，有问题吗？

有。

## 偷天换日

不可否认，周人这套理论，确实逻辑严密、条理清晰、简单明了，因此说起来振振有词，听起来头头是道。但要质疑，也不难。

质疑几乎是必然的。

是的，就算“革命有理，天命无常”，改朝换代也理所当然，但为什么是你们周人来革呢？所谓“周虽旧邦，其命维新”，难道也算理由？难道其他部落国家“其命皆旧”？再说了，商人毕竟是有玄鸟来授权的，周有吗？没有。他们的始祖弃，是因为老祖母姜嫄踩到一个巨大的脚印，怀孕生下来的。那么，这个巨人是谁？是古希腊神话中的泰坦族，还是远古时代的姚明？恐怕只有天知道。这就比“天命玄鸟，降而生商”差远了，弄不好还只能证明他是私生子。

显然，只说皇天上帝改了主意是不够的，说文王就在上帝旁边也是没人信的。[12]必须证明世界非变不可，而且确实换对了人。

这个要求非常合理。

事实上，周人最终证明了自己，但这需要时间和过程。包括前面说的那一整套理论，都既不是周公一人提出，也不可能在短时间内完成。唯一可以肯定的是，在建国之初，他们需要一个既能安身立命又能左右逢源的方案。因为周人既要延续殷商代表的“中国传统”，又要与之“划清界限”。

延续传统的办法是“居中国”，划清界限就只能考虑“受天命”。那么，同样是获得神圣授权的“合法政权”，周与商有什么不同？

商王是“神之子”，周王是“天之子”。

的确，商和周都讲“天”，但态度不同。周人对天是崇敬和感激的，《周易》的人生观就是“天行健，君子以自强不息”。商人则是仇恨和揶揄的。他们甚至有一种仪式或游戏，就是用皮口袋盛血，高高挂起再一箭射穿，叫“射天”。传说中的“刑天”，说不定就是被商人残害的天神。[13]

商和周也都有“上帝”，但含义不同。商人的上帝，似乎就是他们的祖宗帝喾。他们对“帝”的理解，也只是取其“缔造者”的本义。只不过，因为祖宗已经宾天，所以是“上帝”，即天上的帝。现任商王则是“下帝”，即人间的帝。这样的上帝当然偏心眼，只保佑商人，甚至只保佑商王。殷商成为顽劣的儿童，最后众叛亲离，这恐怕是原因之一。

周人的上帝则是自然界，即笼罩四野的天。天，高高在上，默默无言，但明察秋毫，洞悉一切。谁好谁坏，天都看得一清二楚，这才有天命和革命，授权和收权。更重要的是，天是“万民之神”，公正无私，不偏不倚，天下人都是天的子民。“天”来为人民选择君主，不是比“帝”选得好吗？

答案几乎是肯定的。

那好，周天子就是“万民之神”选出的“万民之主”。他岂止有资格“居中国”，简直就该做“世界王”。

这可真是“偷天换日”！

是的，偷来天下共有的“天”，替换殷商专享的“日”。

没人知道这是周人的“老谋深算”，还是他们的“灵机一动”，也许既有谋划又有灵感吧！毕竟，忧心忡忡的他们少年老成，是“早熟的儿童”。只不过这样一来，从国家制度、社会制度到文化制度，也都要革故鼎新。

新制度取代旧制度，新文化取代旧文化，势在必行。[14]

跟随太阳神鸟从东方进入中原的殷商民族，当然想不到这一天。就连来自西方的周人也不会想到，他们跟着旧世界的太阳走，却走出了一片新世界。

这一回，太阳真的要从西边出来了。

殷商靠神权，周就以人为本；
殷商靠刑罚，周就以德治国。
周公制礼作乐，敲响了中华文明的定音鼓。

第二章

# 定音鼓

## 西边的太阳升起来

太阳从西边升起，并不稀奇。周之前，炎帝就是从西边来的，而且是“太阳神”。周之后，秦人也从西边来，而且做“始皇帝”。从周到唐，“中国”一直在西边，“太阳”也都是由西往东移。这才有西周、东周，西汉、东汉，西晋、东晋。但无一例外，西在前，东在后。

唐以后，则是南北移动。宋虽然定都开封，却有四个京府：东京开封府、西京河南府（洛阳)、南京应天府（商丘)、北京大名府。南宋则有陪都杭州临安府，可见“中国”也可以南移。直到元明清，才“坐北朝南”，不再移动。朱元璋的定都南京，只算小插曲。

显然，这里说的“中国”完全不是地理概念，而是政治概念和文化概念，并且主要是文化概念。因为只有延续中华文化的政权，才有资格自居“中国”，不管在西边还是东边，南方还是北方。如果是外族入主，则一要“天下一统”，二要“变夷为夏”，否则是没人认账的。

这种观念，是周的文化遗产。

的确，中华文明的底色和基调，是周人奠定的。周以前，从三皇五帝到夏，都是摸索；商，则是我们民族少年时代的顽皮和撒野。周以后就成熟了，也变得沉稳。国家制度，辛亥革命前只变了一次，时间在战国到秦汉。社会制度和文化制度，则从西周一直延续到明清，这就是“以小农经济为基础的宗法制度”和“以纲常伦理为核心的礼乐制度”。正是它们，决定了中华民族的精神气质。

周，是中华文明的“定音鼓”。

周人，是中华文明的奠基者。

然而在世界范围内，周制度和周文化却又是一个特例。

美索不达米亚就不说了，乱。印度和希腊也不说了。武王伐纣前，达罗毗荼人创造的“印度河文明”，米诺斯人创造的“克里特文明”，阿卡亚人创造的“迈锡尼文明”，都已经先后陨落。印度河文明陨落后，还留下了几百年的空白。此刻，印度是雅利安人的“吠陀时代”，希腊是多利亚人的“荷马时代”，都相当于中国的“尧舜时代”。

可比的是埃及。

埃及简直就是另一个殷商。国王都是“神的儿子”，而且那神还都是鸟，只不过埃及的是鹰（荷鲁斯），殷商的是燕子（玄鸟）。然而埃及神权政治的年头，却比殷商长得多。从他们建立第一王朝，到沦为波斯帝国的行省，有两千五六百年。当然，其间多有改朝换代，甚至还有利比亚人和埃塞俄比亚人的王朝。王朝的最高保护神也换届，荷鲁斯、拉、阿蒙、阿吞（阿顿），轮流坐庄，但都是太阳神，也不能没有太阳神。

实际上，君权神授是君主制的通例。比如巴比伦国王汉谟拉比，就自称“天神的后裔”；阿卡德国王，则干脆称自己就是神。欧洲中世纪的封建君主，也要教皇加冕。唯独周人说是“天授”，岂非出格？

天授与神授，有区别吗？

有。

神授是宗教性的，天授是伦理性的。

事实上，周人的“天”，不是超自然超世俗的存在，比如基督教的上帝；更不是人格神，比如埃及的荷鲁斯或殷商的帝喾。它就是自然界，同时又是“伟大的人”，是人的父母，而且是天下人、全人类的。唯其如此，它才会对人类社会表现出“人文关怀”。

如此的与众不同，难道不是“太阳从西边出来”？

西边升起的太阳惊人地持久。君权神授的埃及，被其他民族灭掉了；君权神授的观念，在欧洲被颠覆了。唯独中国的“君权天授”，在民主潮流席卷全球之前三千年延绵不绝。后边所有的天子，都自称“奉天承运”。没人对此表示怀疑，也没人认为可以不要皇帝。唯一可讨论的，是那皇帝获得天命的可靠性。

真命天子，似乎是大家都需要和可接受的。

这里面难道没有玄机？

## 不能重蹈覆辙

君权天授，是忧患的产物。

想当年，有一个问题一定困扰过武王和周公：胜利为什么来得这么快?《尚书》的说法是“前徒倒戈”，也就是殷纣王派出去的御敌部队到了前线，就掉转枪头反过来攻打他自己。胜利当然快。

不过这事有人质疑，因为“前徒倒戈”的后面还有一句“血流漂杵”。杵（读如楚）就是棒槌。纣的部队既然已经反戈一击，战争就不可能发生，怎么会血流成河，以至于棒槌都能飘起来？所以孟子说“尽信书则不如无书”。

那么，前徒倒戈和血流漂杵，哪个可信？

都可信。因为以双方实力之比较，武王伐纣多少有点自不量力。只是由于姜太公坚持，才决定赌一把。如果没有殷商将士的阵前起义，全胜根本就不可能。后来的一举成功，不过顺水推舟。因此，局部地区的“血流漂杵”完全可能。事实上，不会所有的部队都起义，“殷顽”总还是有的。

这就要问：殷纣王的御敌部队，为什么“前徒倒戈”？

当然是殷商“不得人心”。

殷商为什么不得人心？

因为“不把人当人”。

是这样吗？

是。证据，就是“人殉”和“人牲”。

什么叫“人殉”？就是活人殉葬，用人做陪葬品。什么叫“人牲”？就是活人献祭，用人做牺牲品。陪葬品，原始时代就有，但多为器物。牺牲品，原始时代也有，但都是动物，比如马、牛、羊、猪、狗、鸡。这些动物，养着的时候叫“畜”，要杀的时候叫“牲”，合起来叫“畜牲”。用于祭祀，毛纯的叫“牺”，体全的叫“牲”，合起来叫“牺牲”。祭祀用“人牲”，就是把人当动物；陪葬用“人殉”，则是把人当器物，都是典型的“不把人当人”。

世界上，还有这等惨无人道、骇人听闻的事？

有。比如美洲的玛雅、特奥蒂瓦坎和阿兹特克，便全都盛行活人献祭。方式，是先由四个身强力壮的祭司把人摔昏，然后取出跳动的心脏献在神前。阿兹特克最隆重的祭祀，大约需要两万颗这样的心脏。因此公元1487年，祭司们整整花了四天四夜的时间，才完成庆祝神庙落成的典礼。

殷商的人祭，也这样吗？

也许吧！因为这些美洲人很可能是漂洋过海的殷商遗民。活人献祭的仪式，没准就是他们从中国带去的。至少，殷商的人殉和人牲，既有文献记载，又有考古发现，铁证如山，不容置疑。

这当然不得人心。

何况殷商的祭祀极其频繁，何况送上祭坛不仅有奴隶和平民，还有贵族。因为贵族“价钱更高”，一个顶一万个。当然，杀得多的还是奴隶，比如被俘的夷人。事实上，由于殷纣王的嫡系部队远在东方战区，临时拼凑起来对付周武王的，就是这些从来不被当作人看的战俘。他们干活时做“牛马”，祭祀时做“畜牲”，现在又拿他们当“炮灰”，哼哼，不倒戈才怪！

血的教训啊！

显然，新生的政权要想长治久安，就必须反其道而行之。殷商垮台的原因既然是“不把人当人”，胜利了的周就必须“把人当人”。

一种早熟的新思想和新概念萌芽了。

这就是“以人为本”。

## 以人为本

以人为本，是周制度和周文化的思想背景。

周人获得中华文明的代表权后，就废除了惨无人道的人殉和人牲。当然，人牲基本废除，人殉则清代还有。这就像废除死刑，要有一个漫长的认识过程。但是周以后，人牲也好，人殉也罢，都不再具有殷商时代的正当性，只会遭到主流社会和正人君子的抵制批评。

有两件事可以证明。

公元前641年，宋襄公与曹、邾两国会盟，要杀鄫国国君祭祀社神，一个名叫子鱼的军事法官就强烈反对。子鱼说：用大牲口进行小祭祀尚且不可，哪里还敢用人？祭祀就像请客吃饭，哪个敢吃人肉？如此倒行逆施，会有好下场吗？[1]

遗憾的是，子鱼的反对没有成功，那个倒霉的国君还是被杀。但齐国的陈子亢（读如刚）反对人殉，则大获全胜。陈子亢的哥哥陈子车死后，嫂子和管家提出要用活人殉葬，理由是老先生死在国外，生病时没能得到足够的照顾。陈子亢便说，这是不合礼法的。再说最该照顾我哥的，不就是二位吗？结果不难想象，陈子车的老婆和管家都不再坚持人殉。[2]

陈子亢是孔子的粉丝，而孔子不但反对人殉，就连用俑都反对。俑（读如勇）就是殉葬用的土偶和木偶。对于这类东西，孔子深恶痛绝。他甚至说“始作俑者，其无后乎”，意思是第一个发明俑的人，大概会断子绝孙吧！[3]

奇怪！发明土偶和木偶，原本是为了代替活人。跟活人殉葬相比，应该说是进步，孔子为什么还要诅咒？

因为孔子从根本上反对人殉。

在孔子看来，人殉不仁，人殉非礼。因此，用活人不行，用死人也不行；用真人不行，用假人也不行。俑是人的替身。用俑殉葬，等于承认人殉的合理性和合法性，只不过以假乱真，是活人殉葬的“山寨版”。开了这个口子，活人殉葬就仍有复辟的可能，岂能不坚决抵制？

显然，这是一种原始素朴的人道主义。正是它，后来发展为“仁”的概念。因为“仁”的本义就是“人其人”，也就是“把人当人”。

但，这跟“君权天授”又有什么关系？

天人合一。

作为明确的概念和系统的理论，“天人合一”的观念产生于西汉，但萌芽早就有了。甲骨文和金文的“天”，原本就是“人”。字形，是一个正面而立大写的“人”，头上一个圆圈，或圆点，或横线。所以，天，原本指人的脑袋，也就是“天灵盖”，后来才引申为“苍天”，再后来才引申为“老天爷”。

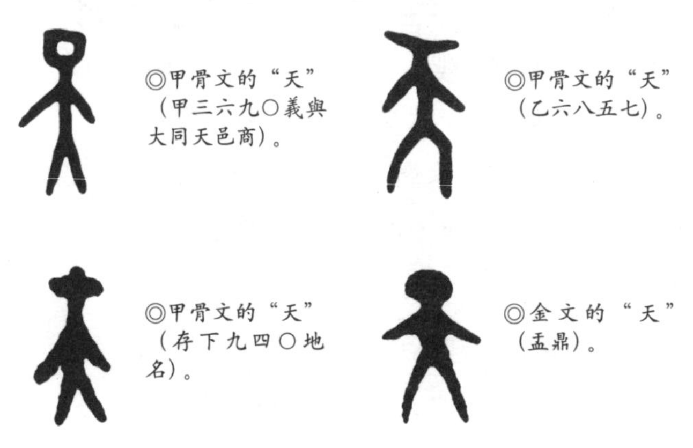

◎甲骨文的“天”（甲三六九〇羲與大同天邑商）。

◎甲骨文的“天”（乙六八五七）。

◎甲骨文的“天”（存下九四〇地名）。

◎金文的“天”（盂鼎）。

天，就是人。

更重要的是，天的授权（天命）是看人心的，叫“天视自我民视，天听自我民听”。武王在伐纣的誓师大会上说：天是“万物父母”，人是“万物之灵”，所以天意就是民意。老百姓拥护谁，天就授权给谁；老百姓憎恨谁，天就革他的命。殷纣王自绝于天，结怨于民，他死定了！

武王当真说过这话吗？

可疑。

这套说辞，十有八九是后人编出来的。但编造者也是周人，因此仍然可以看作周的思想。而且，类似的说法在周人的著作中频频出现，总不能说一点依据都没有。更何况，就算是编的，也编得好！因为按照“天视自我民视，天听自我民听”的逻辑，“君权天授”已经被偷换为“君权民授”了。

这是“伟大的谎言”。

但问题也接踵而来。是啊，就算政权来自天与民的双重授权，天也好，民也罢，为什么要授权给周呢？

周人的说法，是他们的君王有德。

## 以德治国

周王有德吗？据说有。

在两周的文化人笔下，他们的先君和先王都是道德楷模，宽厚仁慈，勤政爱民，礼贤下士。比方说，每年春耕，周君都要在田间地头举行“馌礼”（馌读如叶），表示亲自送饭给农夫。诸如此类的说法不胜枚举，依据恐怕也是有的，周的史官和诗人毕竟不是纳粹德国的宣传部长戈培尔。何况即便是做秀，也比商王的鞭子好。

结果天下归心，“大国畏其力，小国怀其德”。[4] 这话其实很实在。没有“力”，光有“德”，是得不到天下的。周人的聪明，就在他们两手都用，而且用得智慧。对大国，他们示威，大国就不敢作对；对小国，他们示柔，小国就甘愿附庸。这样一来，可不就“三分天下有其二”？

显然，周人不但有“力”，而且有“智”。只不过后来做总结，就只剩下“德”。[5]

德，成为上天授权的标准。

后面的结论也顺理成章。周人既然“以德得天下”，那就必须“以德治天下”。否则就会跟殷商一样，自取灭亡。

这是周人几乎要天天讲、月月讲、年年讲的道理。周公一再对子弟和同仁们说：我们是“小邦”，根本就没资格“居中国”，也不敢“革殷命”。现在天地翻覆，完全由于皇天上帝“改厥元子”，不认商王认周王。为什么呢？就因为纣王失德，而文王和武王有德呀！这跟当年夏桀失德，商汤革命，是一样的呀！

这个道理，直到西周晚期还在讲。陕西岐山出土的青铜器“毛公鼎”铭文，就说皇天对文王和武王的美德大为满意，这才让我“有周”来匹配上天。难怪周公说，我们的选择只有一个，那就是延续文王的美德，才有可能保住天命。[6]

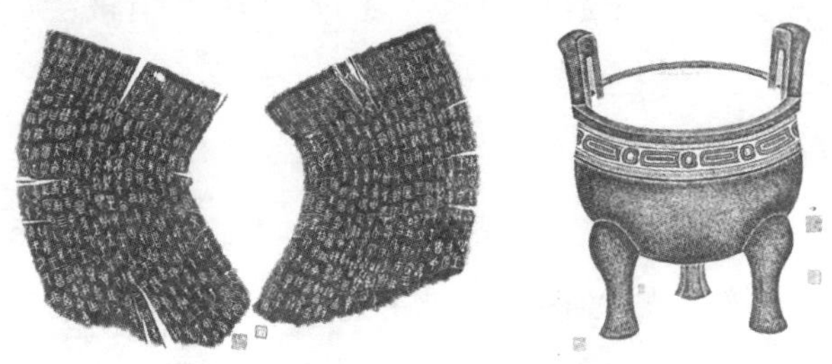

◎张叔平题拓本毛公鼎铭文。

诸如此类的话，周公对召公奭说，也对康叔封说。康叔封，就是武王和周公的同母弟弟姬封，排行老九。管蔡之乱后，周公把武庚的人民一分为二，组建成两个新的国家。其中一个给了纣王庶兄微子启，国号叫宋，公国；另一个则给了康叔封，国号叫卫，侯国。卫和宋，其实就是殷和商，是古代殷商二字的音变。[7] 可见康叔封的任务，就是要把殷人改造成周人。

康叔封任重道远。

于是周公发表《康诰》，语重心长地对康叔封说：唉，我亲爱的弟弟，年轻的封啊！你要小心翼翼，你要谦虚谨慎，你要戒骄戒躁呀！天命是无常的，天威是可怕的，人民群众的眼睛也是雪亮的。他们天天都在看着你，看你能不能遵循父王的传统，弘扬父王的美誉，继承父王的遗志。那些小人是很难搞的。你得把别人的病痛，当作自己的病痛才行啊！[8]

显然，周公、召公、康叔，都并非天生的道德楷模。他们的"德"，其实是逼出来的。只不过，他们没有被"逼上梁山"，而是被"逼上圣坛"。

哈哈，这就对了！

实际上，道德与其说是一种品质，不如说是一种智慧。说白了，它只是在"通过损人来利己"和"通过利人来利己"之间，做了明智的选择，是"聪明的自私"。但这种聪明，对自己、对别人、对社会都有利，这才成为人类共识。周人的独到之处，则只是在新政权诞生之际，把它变成了治国理念和施政纲领。

又一种早熟的新思想和新概念也萌芽了。

这就是“以德治国”。

从逻辑上讲，这是顺理成章的。是啊，既然“君权天授”，当然要“以德配天”；既然“以人为本”，当然要“敬天保民”。但这在世界上，却是独一无二，闻所未闻。世界各文明古国，有宗教治国的，有法律治国的，更有兼用宗教和法律的，还有只靠个人魅力的。以德治国？没听说过。

德，真能治国吗？如果能，怎么治？

## 看得见的力量

以德治国，也许来自周人的“灵感”。

没错，“德”这个字，殷商就有了，是甲骨文，见于卜辞。它的字形，是路口或路上一只眼睛。意思也有两个。一个是“视线很直”，所以“德”通“直”，也读“直”。另一个是“看见了什么”，所以“德”通“得”，也读“得”。在卜辞中，它还被借用来表示“失”。[9] 有得就有失，有治就有乱。在古文字中，得失治乱，都可以是同一个字。

◎甲骨文的“德”(粹八六四)。罗振玉先生指出，卜辞中的“德”，都可以借用为“失”，可见其本义是“得”。

很好！文化密码，就在于此。

的确，德，首先是“得失”。周公他们要考虑的，也首先是“得失”，是天命的得到和失去。而且，由于来之不易，由于转瞬即逝，由于天命无常，由于天不可信，他们必须“有德”。

这就首先要“有心”。

于是，西周青铜器上的“德”，就在眼睛下面加了“心”，意思是“心中所见”，是内心世界的得失和曲直，即“心得”。这就已经非常接近今天所谓“道德”，尽管在周人那里，道是道，德是德。但德字如作他用（比如人名），则仍是甲骨文字形，有路，有目，无心，德鼎和德方鼎就是。

◎金文的“德”(何尊)。这是目前为止发现的最早表示道德之德的“德”字。“中国”二字的最早文字记载，也在这件青铜器上。

◎金文的“德”(德鼎)。这里的“德”，因为是人名，字形仍与甲骨文同，无“心”。

有没有“心”，很重要。

目前发现的“有心之德”，最早的是在“何尊”，原文是“恭德裕天”。这是成王时期的礼器，记载了周公营建成周（洛阳）的史实。[10] 其中还有“宅兹中国”四个字，是“中国”一词目前发现的最早文字记载。这件出土文物雄辩地证明，周人在平息了武庚和三监的叛乱，有资格“居中国而治天下”时，“以德治国”的观念就萌芽了。

◎何鼎及铭文拓本。拓本右起第七列前四字即“宅兹中国”。

显然，以德治国，就是周人的政治思想。这个直到今天还在影响我们民族的观念，是周文化和周制度的核心，也是他们的一大发明。

不过麻烦也接踵而来。

没错，“得失之得”或“曲直之直”加上“心”，就成了“道德之德”。但道德既然在“心里”，怎么治国呢？

唯一的办法，是把无形之德变成有形之物，让它“看得见”，也“行得通”。

周人解决了这个问题。

看得见的是“圣人”。圣，甲骨文和金文都有，字形中最醒目的符号是大耳朵。所以，圣（聖）、声（聲）、听（聽），在上古是同一个字，都从耳。圣的本义也是“听觉敏锐”，后来变成“一听就懂”，再后来变成“无所不通”，最后变成“德高望重”。这就到春秋战国了。子贡就说老天爷要让孔子成为圣人，孟子则说圣人是“人伦之至”。从此，被尊为圣人的，唐尧、虞舜、夏禹、商汤、周文、周武、周公、孔子，无不是“道德高标”。

◎甲骨文的“圣”（乙六五三三）。

◎金文的“圣”（尹姞鼎）。

这，就是中国独有的“圣人崇拜”。

圣人崇拜成为风尚，虽然由于后世儒家的鼓吹，但那意思周初就有了。是啊，改朝换代要有依据，以德治国要有榜样，而榜样的力量据说是无穷的。文王和武王，岂能不“乃圣乃神，乃武乃文”？就连革除夏命的商汤，也得是。

榜样，是“看得见的力量”。

但，禹汤文武，只是统治者的榜样；后来的孔子，也只是读书人的楷模。教化大众的“平民圣人”还没出现，虽然迟早会被打造出来。在此之前，实施以德治国，就主要得靠“行得通的手段”。

那么，它又是什么呢？

礼乐。

## 重新安装系统

礼乐并非周的发明，殷商就有，夏也有。而且，商人之礼是奢侈的，商人之乐也是华丽的，甚至特别重视音乐之美。汤王的赞美诗《那》这样唱道——

伟大啊繁多，
敲起手鼓。
鼓声隆隆啊，
乐我先祖。
清亮的管乐，
齐整的步武。
铿锵有力的钟磬，
神采飞扬的万舞。[11]

呵呵，他们没准还有唱诗班。

既然如此，为什么还说“周公制礼作乐”？

因为周公让夏商也有的礼乐脱胎换骨。他先拷贝其数据，再格式化其硬盘，然后按照自己的需要安装另一个系统，结果便变成了全新的东西。

那么，周的礼乐，跟殷商的又有什么不同？

商是仪（仪式），周是制（制度）。

什么是“礼”？什么是“乐”？按照甲骨文和金文的字形，礼就是礼器，乐就是乐器。所以，礼乐就是祭礼和乐舞。这当然不错，也不能没有。但在周公看来，礼和乐，又不能仅仅只是祭礼和乐舞，更应该是一种巩固政权、稳定社会、维持秩序和安定人心的工具。

◎甲骨文的“礼”（甲3629）。

◎金文的“礼”（何尊）。

王国维、郭沫若都认为“象二玉在器之形”，因此“礼”最早是指礼器。

◎甲骨文的“乐”（续3·28·5）。

◎金文的“乐”（郘钟）。

许慎认为“象鼓鞞”（架子鼓），罗振玉认为是“琴瑟之象”，总之是乐器。

具体地说，礼的作用是维持秩序，乐的作用是安定人心。人心安定，秩序就能维持；秩序井然，社会就会稳定；社会稳定，政权就能巩固。这是一个环环相扣的完整系统工程。

礼和乐，为什么能起到这样的作用？

因为礼要表现为仪，仪要表现为序。比方说，在请神吃饭的祭祀仪式上，接受致敬和礼拜的天神地祇、列祖列宗，谁坐“主席”，谁算“列席”，要有一个序列；参加祭祀的人，谁是“主祭”，谁算“助祭”，也要有一个序列。如此，才能“行礼如仪”。

显然，礼的本质就是序，秩序。

处理人神关系的秩序，当然也可以用来处理人际关系。这就是周公的“礼”。它的意义，不再仅仅只是“敬神祭祖”，更在于“身份认同”。说得再明白一点，就是每个人有每个人的身份地位，比如君臣父子，夫妻兄弟；也都有自己的权利和义务，比如君仁臣忠，父慈子孝。只要明确这一点，各自安分守己，就不会动乱。

因此，它必须被确定为制度，即“礼制”。

必须被应用于政治，即“礼治”。

必须成为普遍进行的教育，即“礼教”。

但这里面有问题。

实际上，按照这种制度，除了天子“至尊”，其他人都铁定的卑，顶多有相对的尊。这是无法让人心理平衡的。是啊！人人生而平等，凭什么有的尊，有的卑？

对此，周公他们自有一套说辞。可惜这些说辞未必让人心服，更未必能让人心悦，因此必须用“乐”来调和。乐，是音乐，也是快乐。音乐是“乐音的运动形式”，而乐音的特点就是“差异”。不同的乐音，音高、音长、音强、音色，都不同。但组合在一起，很好听。好听是因为和谐，和谐是因为多样统一。礼和乐的共同特点，就是既讲多样，又讲统一。礼辨异，乐统同。有礼有乐，礼兴乐和，就能构建“和谐社会”。

这就是周公的“制礼作乐”。

也只有按照这个系统建设的，才是所谓的“中华礼乐文明”。

如此复杂的系统工程，当然一言难尽，但线索是清晰的——因为“君权天授”，所以要“以人为本”；因为以人为本，所以要“以德治国”；因为以德治国，所以要“以礼维持秩序，以乐保证和谐”。

天授是旗帜，人本是纲领，德治是“一个中心”，礼乐是“两个基本点”。

从这样一整套思想体系出发，周人创立了四大制度——井田、封建、宗法、礼乐。井田是经济制度，封建是政治制度，宗法是社会制度，礼乐是文化制度。井田“顾民生”，封建“从民意”，宗法“敦民俗”，礼乐“安民心”。至此，周文化和周制度的系统软件，全部安装完毕。

那就让我们一一道来。

当各路诸侯接受周天子的分封时，
稳定的封建秩序和广泛的统一战线便都建立起来了。
一箭三雕，这是一种智慧。

第三章

# 西周大封建

## 山雨已来

周公从东方战区回来了。

他很疲惫。胜利了的周公忧心忡忡，满脸倦容，一肚子心思。迎接他的，也不是鲜花，而是挑战。

局势确实严重。

周公清楚地记得，三年前，叛乱的武庚、三叔和东夷何等地嚣张，反对的力量又何等地强大。那些周族内部的反对派，居然罔顾占卜的神示，公开跳出来大唱反调，企图阻止平叛和东征。自己的亲兄弟管叔和蔡叔则在京城散布谣言，说周公“将不利于孺子（成王)”。这可真是内外交困。

幸亏后来召公站在了自己一边，成王也消除了猜疑，还亲临前线劳军。否则，周公真会成为别人盘子里的“三明治”。

战争也进行得十分惨烈，甚至导致了当地大批象群的迁徙。因为东征部队必须逢山开路，遇水搭桥，才能深入不毛，其艰难困苦可想而知。在班师回朝的路上，将士们这样唱道——

用坏了我们的手斧，
累坏了我们的工兵。
周公率师东征，
叛乱得以扫平。
我们这些苦命的人啊，
但愿从此得到安宁。[1]

周公，能给天下带来和平吗？

能，但先要反思。周公一定想过：敌对势力为什么那样强大？破坏分子为什么那样繁多？新世界为什么这样不素净？新政权又为什么这样不安宁？

说到底，还是人心不服。

不服也不奇怪。“小邦周”要取代“大邑商”，原本就不是一场战争能够搞掂的。何况“百足之虫，死而不僵”，延续了六百年之久的殷商并不是“纸老虎”，残余力量的伺机反扑和妄图复辟势在必然，没有才不正常。

奇怪的是东夷。

所谓“东夷”，就是生活在今天辽宁、河北、山东和江苏北部沿海地区的氏族、部落和部落国家。他们跟“西羌”一样，原本也是被殷商欺压的。因为受欺压，东夷屡屡反抗。武王伐纣前，他们还跟商人血战，周人才得以乘虚而入。这样看，他们应该像西羌的姜族一样，与姬周同心同德才是。至少，也可以像牧野之战时那样袖手旁观，为什么要掺和到叛乱里来呢？

管叔、蔡叔、霍叔的反目就更不可思议，他们可是亲兄弟、自家人。

原因是多方面的。

比如东夷的反抗，原因就很复杂。东夷也叫“鸟夷”。他们跟殷商一样，都是东方的民族，也都以鸟为图腾，文化上是相通的。因此，东夷与殷商，只有利害冲突，没有文化冲突。与姬周，则不但有利害冲突，还可能有文化冲突。

再说他们也“不服周”。是啊，凭什么灭商的是你们姬周，不是我们东夷？因此，他们很可能会像后来秦灭六国时的楚人，一肚子的不服气。何况周革殷命，他们也没得到好处。现在殷顽叛乱，周人内乱，岂不正好渔翁得利？

利益，是关键的关键。

事实上，反对周公的三股力量，都未尝没有利益的驱动。殷人，是要夺回失去的江山；东夷，是要趁机捞他一把；管叔，则是不满周公的大权独揽。按照“兄终弟及”的殷商传统，摄政称王的应该是他，因为武王姬发是老二，周公姬旦是老四，而管叔姬鲜是老三。周公摄政，凭什么？

其实，武庚、三叔和东夷只是“出头的椽子”。不动声色心里嘀咕的，恐怕不在少数。看热闹、看笑话、看风向，蛇一样蛰伏着，窥测时机准备出手的，恐怕也不在少数。对付这些人，唱道德高调是没有用的，一味地武力镇压也不是办法。在这“山雨已来”之时，需要的是政治智慧。

周公，有这个智慧吗？

有。他只用一个办法，就解决了所有的问题，而且创造了新的制度。

这个办法，就是分封诸侯。

## 一箭三雕

分封诸侯，首先是为了对付殷商的残余势力。

分封包括分和封。分的是殷商地盘，封的是自家兄弟。这当然首先是为了对付殷商残余势力。这些家伙，人还在，心不死，大开杀戒又不行。屠杀是最愚蠢的，既不符合“以人为本”的原则，也会激起更多的民变和叛乱。可行的办法是分化瓦解，让他们成不了气候，也抱不成团。试想一下，一架飞机如果大卸八块，发动机、驾驶舱、起落架、机翼和尾翼都放在不同地方，它还飞得起来吗？

周公正是这样做的。

殷商的“发动机”被放到了洛阳，也就是“成周”。从殷都朝歌（今河南淇县）迁徙到这里的，主要是殷商的王族和为王室服务的士人。由于这里是周的东都，因此等于被安排在周的眼皮底下。商王的嫡系部队，也被改编为所谓“殷八师”，成为成周的卫戍部队，等于是周人的“看门狗”。

殷商的“驾驶舱”，则被放在了殷的旧都商丘。在这里，周人建立了一个新的国家，这就是前面说过的宋国。这一拨人，当然也是从朝歌迁徙过去的。但殷商的贵族迁到洛阳和商丘以后，周公并没有把朝歌变成空城，而是给了自己年轻的弟弟康叔姬封，建立了卫国。康叔不但得到了朝歌，还分到了殷商的七个部族，基本上都是技术人才，包括制陶、造旗、编篱笆、铸铁锅的专业户，分别叫陶氏、施氏等等。这就等于把殷商的“起落架”捏在手里了。

这可真是“全国一盘棋”。

分到了殷商部族的还有周公之子伯禽、成王之弟唐叔姬虞、召公之子姬克。伯禽分到六族，叔虞分到九族。这事有文献记载。姬克也分到六族，但不全是殷商遗民。这事有文物证明。他们也都带着这些族民远走他乡，去建设新的国家。伯禽的国号叫鲁，在今天的山东；叔虞的国号叫唐（后来叫晋），在今天的山西；姬克的国号叫燕，在今天的北京。

周公这一招相当厉害。

事实上，殷商的“国族”，原本由四种关系组成：血缘、地缘、行业、国家。血缘组织为“族”，地缘组织为“邑”，行业组织为“氏”，国家组织为“姓”。说白了，就是一个家族，世世代代只从事一种行业；同行业的人，又集中居住在同一个地方，并世代通婚。同一种“氏”（行业），住在同一个“邑”（地区），就成了“族”。族相聚，即为“国”。现在，周公把这些氏（行业）整体迁徙到另一个邑（地区），殷商那个“国”，还能存在吗？

也只能支离破碎。而且，归属于康叔，以及被伯禽、叔虞和姬克带走的殷商氏族，也只能融入周人的社会，成为新的“国族”。也许，他们后来会被叫做“卫国人”或“鲁国人”，但在春秋前都是“周人”。

这就已经相当高明，何况还不止于此。

实际上，建立宋国和卫国，跟建立鲁国、晋国、燕国，用心是不同的。建宋封卫，都是为了对付殷顽，只不过宋为怀柔安抚，卫为监视改造，因此只是“近距离换防”。伯禽、叔虞和姬克这三支队伍，却是“远距离殖民”。而且所到之地，均为要冲。比如晋国和燕国，便接近戎狄，其实是姬周的边防前线。难怪后人会说周公分封诸侯，是给周天子“扎篱笆墙”了。[2]

鲁国所在地，则是东夷的老窝。所以不但要让周公之子在那里建国，还让姜太公吕望建立齐国。这实在是妙不可言，简直等于二战后美国（姬族）和英国（姜族）跑到俄罗斯（东夷）建立殖民地，虽然他们都反法西斯（殷商）。

毫无疑问，以太公和召公之丰功伟绩，受封必在武王之时。但武王是“初封”，国土也近；周公是“移封”，国土也远。事实上齐侯、鲁侯和燕侯，都相当于英国国王派出的总督，只不过齐、鲁、燕都不能叫“海外殖民地”，得叫“海内殖民地”。其中的深谋远虑，给我们留下了无限遐想的空间。

总之，周公成功了。他瓦解了殷顽势力，控制了战略要地，酬劳了功臣盟友，岂非一举三得，一箭三雕？

什么叫政治智慧？

这就是。

## 不仅仅是统战

毫无疑问，这种智慧不是周公一个人的。西周建立的封国，也远远不止宋、齐、鲁、卫、晋、燕。它们甚至未必都是姬姓或姜姓，比如还有芈姓的楚国、姒姓的杞国（芈读如靡，姒读如四）。杞人忧天的故事，说的就是这号人。

楚、杞之类，在当时无疑都是小邦，至多不过部落国家，甚至只不过部落或部落联盟。他们在殷商时代叫做“方国”，比如周、召、姜，则叫周方、召方和羌方。此外还有媿（读如鬼）姓的鬼方、风姓的人方。殷商对他们或者武力镇压，或者不闻不问，是很失策的。

实际上这些方国，兵力少，数量多，规模小，来头大，动不动就号称神农、黄帝、尧、舜、禹之后，因此成事不足，败事有余，帮忙帮不上，添乱很容易。聪明的做法，当然是能团结的就团结，这样才能结成最广泛的统一战线。至少，即便不能成为朋友，也不能让他们成为敌人。要知道，这些哥们跨入文明并不久，还带着野蛮习气和部落遗风，可是说动粗就动粗的。

何况其中一些还参加了伐纣战争。虽不过一彪人马，三五兵丁，却也算同盟国和参战国。现在胜利了，总得分他一杯羹，排排坐，吃果果吧？

那好，统统给个师长旅长当当。

于是，只要承认周天子，不管是氏族、部落、部落国家，也不管是诸夏、诸羌、百濮、群蛮，都纷纷弹冠相庆，人五人六地成为国君。

说起来这倒是个互利互惠的双赢方案，而且双方做的都是无本生意。比如方国，就什么都没失去。土地、人民、军队、财产，周天子都不要他们的，反倒还会再赠送一点。他们在伐纣战争中捞到的油水，周天子一律加盖公章予以承认。他们的国内事务，周天子却概不过问。这难道还不合算？

更重要的是，这些方国不少是蛮族。因为文化落后，长期被殷商歧视，自己也自惭形秽。现在既已受封，也就成为列侯，可以跟中原诸国平起平坐，礼尚往来，这可真是咸鱼翻身，岂有不接受之理？

但，赚了大头的还是周。

首先，这些封国的土地、人民和财产，原本就是那些家伙的，周人并没有成本。周天子给出的，只是一个名义和头衔。但这张空头支票，却换取了对新政权的承认和支持，赎买了异动之心和武装力量，从而建立了自己的统一战线，还没失去领导权。[3] 事实上，只要方国承认自己是周人所封，就至少在名义上认同周的领导，何况受封最多的还是姬姓。

然而方国的加盟非常重要。有了他们，周的政权才有了天命和人心的“双重合法性”。这可不仅仅是“统战”。

这就是西周初年周人的一系列动作：再编组、大迁徙、广殖民、泛分封，总之，该镇压的镇压，该安抚的安抚，该酬劳的酬劳，该收编的收编。现在，西周统治者可以高枕无忧了吗？

不能。因为新秩序是否稳定，仍是问题。

这就不能靠策略，只能靠制度。策略只是“术”，制度才是“政”。换句话说，制度的建立和建设才是根本性的，也才能保证长治久安。

事实上，就在周公他们“下棋”的时候，一种新的政治制度和国家制度也应运而生。这种制度本身是有“维稳功能”的，因此保证了五百年的太平。但它同时又有先天不足和内在矛盾，因此在春秋被破坏，在战国被颠覆，在秦汉被替代，只留下难忘的记忆和永远的惆怅。

它的名字，就叫“邦国制度”。

## 邦国制度

邦国制度的核心，是“封建”。

这里说的“封建”，不是“封建社会”或“封建主义”，跟“封建礼教”或“封建迷信”更是两回事。其实迷信跟封建毫不相干，礼教前面冠以封建二字也是乱点鸳鸯谱。真正的“封建”，通俗地说就是“分封”，但叫“封建”更准确。因为不但要“封”，而且要“建”。封就是封邦，建就是建国。封和建，都是动词。封邦建国，是动宾词组。这是本来意义上的“封建”。

先说“封”。

封，就是“爵诸侯之土”。这是许慎的解释，也是学界的共识。说白了，就是分封诸侯的时候，要给他一片领土，一个地盘。这片领土或地盘要有疆界，这就得“封”。具体做法，是在边境线上挖沟，叫“沟封”。挖出来的土，堆在两边高高隆起，叫“封土”。土堆上面再种树，叫“封树”。种树主要是为了加固隆起的封土，防止坍塌，同时也更醒目。至于那条沟，也有多用。它是疆界，也是渠道，平时蓄水养树，涝时可以排洪。

显然，封的意义在“疆”，所以也叫“封疆”。封出来的政治实体，就叫“邦”。在古文字中，邦和封可以是同一个字，不过封是动词，邦是名词，相当于今天所谓“国家”，但又不能叫“国家”。因为在先秦，国是国，家是家，不能混为一谈。而且春秋以前的“邦”，包括宋、齐、鲁、卫、晋、燕、楚，严格说来只有“半独立主权”。成为“独立主权国家”，要到战国。

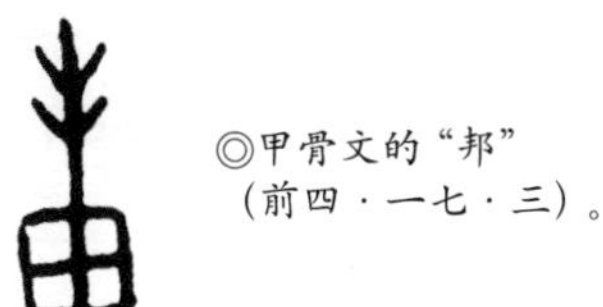

◎甲骨文的“邦”（前四·一七·三）。

不叫“国家”，叫什么？

邦国。[4]

邦国是最合适的称呼。因为所有的“邦”，都包括城市和农村。城市叫“国”，城市加农村叫“邦”。邦是全境，国是都城，邦比国更准确。当然，邦与国也可以通用。叫“邦”，叫

“国”，叫“邦国”，都行。

邦国有大小。小一点的，是一个城市加周边农村。因此，其国名往往从邑。这就是“城市国家”。大一些的，是一个中心城市为首都，再加若干城市和周边农村，这就是“领土国家”。西周初年，大多数邦国都是城市国家。只有周例外，有丰、镐、洛邑好几个城市。

◎周代部分地名从邑国名

| 国名 | 姓及始建之君 | 所在地 |
|---|---|---|
| 邘(yú) | 姬姓，武王之子 | 河南沁阳西北邘台镇 |
| 邢(xíng) | 姬姓，周公之后 | 在今河北邢台市内 |
| 郊(qí) | 姬姓，文王之子 | 陕西岐山县东北 |
| 邠(bīn) | 姬姓，周太王之国 | 在今陕西彬县 |
| 邶(bèi) | 纣王之子 | 在今河南淇县以北、汤阴县东南一带 |
| 邰(tái) | 姜姓 | 陕西武功县西南 |
| 𢦏(zài) | 姬姓 | 河南民权县东 |
| 邿(shī) | 妊姓，鲁之附庸国 | 山东济宁市东南 |
| 郕(chéng) | 姬姓，武王之弟叔武 | 河南范县境内 |
| 邾(zhū) | 颛顼之后 | 故城在今山东省邹县东南，后迁至湖北黄冈 |
| 郇(xún) | 姬姓，文王之子 | 山西临猗县南 |
| 郜(gào) | 姬姓，文王之子 | 山东成武县东南 |

| 国名 | 姓及始建之君 | 所在地 |
| --- | --- | --- |
| 䣢(xi) | 古蜀中小国 | 在今四川邛崃 |
| 郾(yǎn) | 嬴姓，商之盟国 | 山东曲阜县旧城东 |
| 郲(lái) | 姜姓 | 山东黄县东南莱子城一带 |
| 郳(ní) | 曹姓，邾侯之后 | 山东滕县东 |
| 郮(zhōu) | 姜姓，炎帝之后 | |
| 郭(guō) | 春秋国名 | 山东北部某地 |
| 郯(tán) | 传为少昊之后 | 山东临沂郯城北 |
| [illegible](jì) | 黄帝之后 | 北京市西南 |
| 鄅(yǔ) | 妘姓 | 山东临沂县北 |
| 鄎(xī) | 姬姓 | 河南息县东南 |
| 邹(zōu) | 曹姓，颛顼之后 | 山东邹县东南纪王城 |
| 鄟(zhuān) | 鲁之附庸国 | 山东郯城县东北 |
| 鄘(yōng) | 管叔封地 | 河南新乡西北 |
| [illegible](tán) | | 山东章丘西 |
| 鄦(xǔ) | 姜姓 | 河南许昌县东 |
| 鄫(zēng) | 姒姓，夏禹之后 | 山东枣庄市东 |
| 鄩(xún) | 姒姓 | 山东潍县西南 |
| 鄧(dèng) | 曼姓 | 河南邓县 |
| 鄶(kuài) | 妘姓，祝融之后 | 河南密县东南 |

周，也是邦国吗？

也是。只不过，是最大也最高级的。周的国君称“王”，因此是“王国”。而且，也只有周君可以称王。其他邦国的国君，或为公（如宋），或为侯（如齐），或为伯、子、男，不等。但他们可以统称为“侯”。因为侯是“有国者”，或“封藩守疆之殊爵”，也就是在边疆保卫天子的人，所以又叫“侯卫”。侯是很多的，所以叫“诸侯”。等到战国，诸侯们纷纷称王，邦国制度就解体了。

由周王国和诸邦国组成的世界，叫“周天下”。这个天下，跟秦汉以后的大不一样。秦汉以后，是“一个天下，一个国家，一个天子，一个元首”。秦帝国和秦天下是合一的，秦天子也就是秦皇帝。这，就叫“帝国制度”。

邦国制度则不同，是“一个天下，许多邦国，一个天子，许多元首”。天下只有一个，即“周天下”；天子也只有一个，即“周天王”。但在这个天下里面，有许多邦国，比如宋公国、齐侯国、郑伯国、楚子国、许男国这些邦国，都有自己的元首，而且不一定同姓。

这样的天下，怎么能叫“王朝”？

也只能叫“国家联盟”，而且或多或少有点像英联邦。只不过，英国不是联邦的“宗主国”，女王也不“封建诸侯”。英联邦的成员国，包括英国与加拿大、新西兰、澳大利亚等，都是平等的，是“松散的联合体”。周王国与诸侯国却不平等，是“君臣关系”。周天子则不但“封”，而且“建”。

# 我们的田野

什么是“建”？

建，就是“建国”。它包括三个内容：授土、授民、授爵。

册封仪式是隆重的。祭坛由青白红黑黄五色土筑成，象征着东西南北中。诸侯封到哪一方，就取哪一方的土，再掺和代表中央的黄土，用白茅包裹交到诸侯手里。这就叫“授土”，表示诸侯拥有对那片土地的使用权。

赐给诸侯的人民则包括三部分：本族臣僚、殷商遗民，以及封地上的原住民。当然，这主要是指鲁、卫、晋、燕之类。其他邦国不一定有殷商遗民，原住民则一定有的，领导班子也一定是他自己的。这就叫“授民”，表示诸侯拥有对那些人民的统治权。这也是周人的一大发明。因为像这样土地和人民并赐，殷商卜辞中没有记录。由此可见，只有周的封建，才是“真封建”。

第三件事是指定国君，包括命名国号（比如宋、齐、鲁、卫），发表训示（比如《康诰》），赐予受封的象征物（比如冠冕、礼器、仪仗）。这就叫“授爵”，表示诸侯相对独立，权力合法，并拥有父死子继或兄终弟及的世袭权。

这三个程序意义重大。

事实上，封邦建国必须授土、授民、授爵，表现出来的正是周人对“国家概念”的理解。尽管这个时候的邦国，还只是初级阶段的“国家”，甚至不能叫做“国家”。但从此，土地、人民和领袖，就成为我们民族的“国家三要素”。比如新中国的赞美诗《歌唱祖国》，就是第一段唱土地，第二段唱人民，第三段唱领袖。这是周制度的深远影响。

现实意义也很明显。授土和授民，表示周王才是全世界土地和人民的唯一产权人和法人；授爵，则表示他是所有邦国的最高统治者。所谓“普天之下，莫非王土；率土之滨，莫非王臣”，被表现得淋漓尽致。

主权和产权都是周王的，诸侯只有财权和治权。

但当时似乎没人想那么多。程序结束后，受封的诸侯个个峨冠博带，珠光宝气，焕然一新。他们率领部属、族人、庶众、臣妾，欢天喜地奔赴封区，定疆域，建社稷，封子弟，收赋税，分田分地真忙。

当然，最重要的是建立宗庙和社稷。宗庙祭祀列祖列宗，社稷则祭祀土地和谷神。这个祭坛之所以重要，是因为有土有谷就有民。所以，“社稷”便成为国家政权的代名词。由此还诞生了一种建筑制度，即国都的中央是宫殿，宫殿左边是宗庙，右边是社稷坛，叫“左祖右社”。

分到的土地和人民也要整合。具体方案，是人民编组，土地分块。先把一大片土地分成均等的九块，中间一块是“公田”，周边八块是“私田”。私田由按照血缘关系重新编组的农民“包产到户”，但八户农民必须先耕种中间的公田，才能再耕种私田。公田的收入，用于公共事务，这就叫“井田制”。

| 私 | 私 | 私 |
|---|---|---|
| 私 | 公 | 私 |
| 私 | 私 | 私 |

◎关于井田制，历来有争议。有人认为确有其事，有人认为纯属想象，也有学者作出各种解释，请参看杨宽《西周史》、许倬云《西周史》。

我们的田野，是这样的吗？

不钻牛角尖就是。整整齐齐规划成井字形，周边“封疆”，中间“阡陌”，每块田地刚好百亩，当然并非所有地方都能做到。但“平均地权，公私两利”，则是可能的。大夫和诸侯从公田获利，更是可能。

从象征的意义讲，井田制甚至也是一种“封建”。或者反过来把封建看作井田。天下之中的周王，封国之中的诸侯，就是当中那块公田。

| 诸侯 | 诸侯 | 诸侯 |
| --- | --- | --- |
| 诸侯 | 天子 | 诸侯 |
| 诸侯 | 诸侯 | 诸侯 |

| 大夫 | 大夫 | 大夫 |
| --- | --- | --- |
| 大夫 | 诸侯 | 大夫 |
| 大夫 | 大夫 | 大夫 |

但，为什么说这种制度“本身就有维稳功能”呢？

因为封建是一种秩序。

## 封建是一种秩序

封建制，把世界分成了三个层次。

最高也最大的，叫“天下”。按照当时的观念，它就是“全世界”，所以又叫“普天之下”。天下的最高领袖叫“天子”，即周王，也叫“周天王”。他是天底所有人共同的君主，叫“天下共主”。他的邦国是“王国”，他的族人是“王族”，他的家庭是“王室”，他的社稷则叫“王社”。

次一级的叫“国”，也就是“封国”。封国的君主叫“国君”，其爵位细分应有五等，统称则为“公侯”。[5] 所以，他们的族人是“公族”，他们的家庭是“公室”。他们的社稷，为人民立的叫“国社”，为自己立的叫“侯社”。[6]

再次一级的叫“家”，也就是“采邑”。采邑的君主叫“家君”，也就是“大夫”。大夫也是世袭的，叫“某某氏”，比如春秋时鲁国的季孙氏、孟孙氏、叔孙氏。这也是“家”与“国”的区别：国君称姓（姬姓、姜姓、姒姓、嬴姓），大夫称氏。所以，大夫的族人是“氏族”，他们的家庭是“氏室”。

| 层级 | 名称 | 君主 | 身份 | 家庭 | 家族 | 儿子 |
|---|---|---|---|---|---|---|
| 第一级 | 天下 | 天子 | 天下共主 | 王室 | 王族 | 王子 |
| 第二级 | 国 | 诸侯 | 国君 | 公室 | 公族 | 公子 |
| 第三级 | 家 | 大夫 | 家君 | 氏室 | 氏族 | 君子 |

天下、国、家，层次分明吧？

这就是所谓“封建”。封，就是“划分势力范围”；建，就是“厘定君臣关系”。为什么是“君臣”？因为诸侯是天子所封，大夫是诸侯所立。前者叫“封邦建国”，后者叫“封土立家”。后一种“封建”，也是有青铜器铭文为证的。

所以，诸侯是天子之臣，大夫是诸侯之臣。大夫对诸侯，要尽力辅佐，并承担从征、纳贡等义务。诸侯的义务，则有镇守疆土、捍卫王室、缴纳贡物、朝觐述职等。当然，如果受到其他诸侯欺侮，也可以向天子投诉，天子则应出面为他主持公道。这是天子的义务。

同样，权利和权力也很明确。

天子有封建之权，诸侯有再封之权，大夫没有。也就是说，封到大夫，就不能再封。享有治权的，也只有这三级。不同的是，天子在理论上对周天下，在实际上对周王国，都有统治权。诸侯和大夫则只对自己的封国和采邑有权统治，但他们的治权既是理论上的，也是实际上的。也就是说，大夫的家，诸侯的国，都自治。大夫有权自行管理采邑，叫“齐家”，诸侯不干预；诸侯有权自行治理封国，叫“治国”，天子也不过问。但，大夫除了“齐家”，还有义务协助诸侯“治国”。诸侯也有义务在发生动乱时，奉天子之命摆平江湖，叫“平天下”。

哈，三级所有，层层转包，秩序井然吧？

这就是“邦国制度”，也是真正意义上的“封建”。在这种制度中，周天子名义上是“天下共主”，实际上却“虚君共和”。大夫的家和诸侯的国，则共同组成真正的政治实体，即“家国”。“家国”变成“国家”，要到战国。秦汉以后，国家与天下合二为一，邦国就变成了帝国。从此，天下只设“郡县”，不封“诸侯”，封建制寿终正寝。封建，是战国以前的“国际秩序”。

这样的事，别的地方有吗？

没有。周人的邦国制，不同于大多数文明古国的“君主制”，不同于古希腊的“民主制”、古罗马的“共和制”，也不同于近现代的“联邦制”或“邦联制”，跟欧洲和日本的“封建制”也只有相似之处。与井田、宗法、礼乐相配套的封建制，是我们民族独有的国家体制，也是周人的“制度创新”。

创新是智慧的。井田制是经济基础，封建制是上层建筑，同时也都是巩固政权的手段。封建制把姬周和异姓、中央及地方捆绑在一起，井田制则把民生和民心、人民及土地捆绑在一起。农民不“离乡背井”，豪酋不“犯上作乱”，闲汉们不“无事生非”，可不就“天下太平”？

何况封建也好，井田也罢，都是秩序。有秩序，就不乱。但光有秩序，还不足以“维稳”，因为秩序可以破坏。那么，周公及其继承人“维护封建秩序，防止社会动乱”的办法还有什么呢？

宗法和礼乐。

周人创意的新制度和新秩序，是一盘很大的棋。

一着不慎，也可能满盘皆输。

对士的忽略，就是隐忧。

第四章

# 天下为家

## 嫡长子

宗法制的核心，是嫡长子。

嫡，就是正妻。妻与夫相匹敌，所以叫嫡。妻生的儿子，就叫嫡子。嫡子当中，第一个生出来的，叫嫡长子。

与嫡相对的叫庶。

庶，有众多（庶众）、渺小（庶几）、庞杂（庶务）、卑微（庶民）等意思。物以稀为贵，多了就不值钱。庶的本义既然是“众多”，那就意味着“卑贱”。

不过，庶子的地位低于嫡子，却并不因为嫡子的人数一定少，而因为庶子的母亲人数多。嫡子的母亲是妻，只能有一个；庶子的母亲是妾，可以有若干。按照西周婚姻制度，贵族男子都可以有妻有妾。最低一等的一妻一妾，中高级贵族一妻多妾。这就叫“一夫一妻多妾制”。

一妻多妾，也是宗法制的内容之一。

那好，妾既然的人数既然众多，当然是“庶”。

事实上，妾这个称谓就带贬义。它的本义，是女奴。[1]最早，是女性战俘。战俘们要保命，只能做奴隶，于是“男为臣，女为妾”。原始的妾，很可能就是被胜利者随便占有的女人，而且仅仅因为她们是俘虏。那时，战俘可是没有什么人权的。

后来的妾，也一样。

依照“一妻多妾制”，妻妾的来历就不同。妻叫娶，妾叫纳。妻，必须门当户对，明媒正娶，才能与夫匹敌，也才能叫嫡。纳妾，则可以偷，可以抢，可以买，可以骗，还可以死缠烂打。因为妾不必有身份和地位。她可以是夫人的陪嫁，父母的丫环，青楼的女子，朋友的歌姬。因此，父母可以赏，朋友可以送，自己可以要，甚至霸王硬上弓。妾既然如此地来路不明，其地位可想而知。

也因此，这样一种制度，只能叫“一妻多妾”，不能叫“一夫多妻”。

结果，是她们的儿子也不平等。

实际上，不但庶子与嫡子不平等，嫡子与嫡子也不平等。地位最高的是“嫡长子”；其次是“次子”，也就是妻的其他儿子；再次是“庶子”，也就是妾的儿子。但他们的父亲却是同一个人，而且是贵族。如果父亲是周王，他们就是王子；父亲是诸侯，他们就是公子。王子和公子，也要分三六九等？

要的。原因，在继承权。

天子、诸侯、大夫，遗产很多。爵位、领地、财产、权力，这些都要有人继承。有权继承的，当然是他的儿子。因为天子的王族，诸侯的公族，大夫的氏族，跟全社会一样，都实行“父家长制”。这也是宗法制的又一个内容。但所有的儿子都来继承，却不行。有些东西比如财产，可以分。爵位和权力，就分不了，只能传给一个儿子。

这就必须立个规矩。

没有规矩，儿子们打起来，可就无法维稳了。

宗法制，就是立规矩的。

周人立的规矩，叫“嫡长子继承制”。说白了，它就是当时的“继承法”，只不过不是“民法”，是“礼法”。这是宗法制的核心和关键。按照这个制度，不但父亲的爵位和权力，就连父系家族的血统，都只能由嫡长子来继承。这就叫“宗法”。为什么叫“宗法”？因为族的第一代叫祖，第二代叫宗。决定谁是第二代（宗）的礼法，当然叫“宗法”。

宗法制规定，祖是什么人，可以不管。但从第二代开始，原则上就只能由嫡长子继承，除非没有。如果是嫡长子传嫡长子，一路传下来，不曾中断，那么，这样的传承就叫“嫡传”，这样的体系就叫“嫡系”，这样的血统就叫“正统”，这样的宗派就叫“正宗”。

这就是宗法三要素——

一、父家长制；

二、一夫一妻多妾制；

三、嫡长子继承制。

但，这跟封建又有什么关系呢？

# 好大一个家

关系就在所有的贵族都是世袭。

世袭，就有继承权的问题。爵位，却只有一个。所以贵族比任何人都重视宗法。依照宗法制，天子、诸侯、大夫，都只能传位于嫡长子。其他儿子，包括其他嫡子，连血统都不能继承。但这些公子王孙，毕竟都是“贵二代”，总不能撒手不管，让他们流离失所吧？

也只有一个办法：分封。

分封也简单。天子的嫡长子做了天子，他嫡出的弟弟和庶出的哥哥，就分出去做诸侯，或者留在王国做公卿。同样，诸侯的嫡长子做了诸侯，他的弟兄们就分出去做大夫。宗法制与封建制，严丝合缝，合二为一了。

结果是什么呢？

天下为家。

这也是必然的。首先，天子是“天”的嫡长子，所以叫“天子”。诸侯则是天子的兄弟，大夫又是诸侯的兄弟。虽有嫡庶之分，却总归是兄弟。大夫和诸侯，跟天子既然是这种关系，岂能不“四海之内皆兄弟”？

当然，这里说的是姬姓诸侯。但天子与异姓诸侯，以及姬姓诸侯和异姓诸侯之间，却有婚姻关系。比如姬姓与姜姓，秦国与晋国，就长期通婚，所以婚姻也叫“秦晋之好”。这样一来，天子、诸侯、大夫，不是兄弟就是叔侄，要不就是翁婿、郎舅、连襟、亲家。说到底，还是“一家子”。

这真是“好大一个家”。子女，就是广大民众；父家长，则是各级君主。因此，他们理所当然地被分别叫做“子民”和“君父”。这种称谓的起源已无从查考，但可以肯定直到明清还在使用，思想源头则在周。

不过，周天下这个“家”，是有层级的。周天子，是皇天上帝的“嫡长子”，也是天下子民的“总爸爸”。诸侯，是“二级爸爸”；大夫，是“三级爸爸”。小民则是“子女”，所以叫“子民”。子女也要“成家立业”。他们成的家，是“家庭”，一夫一妻，无妾。这些家庭也都有祖宗。以祖宗为统绪，家庭构成“家族”，“家族”构成“宗族”。这些宗族，从属和依附于大夫，构成“氏族”，大夫是氏族的族长。氏族从属和依附于诸侯，构成

“国族”，诸侯是国族的族长。国族从属和依附于天子，这就构成了“民族”。这个民族在西周叫“夏”，春秋叫“华”，后来合称“华夏”。周天子，就是华夏民族的“总族长”。

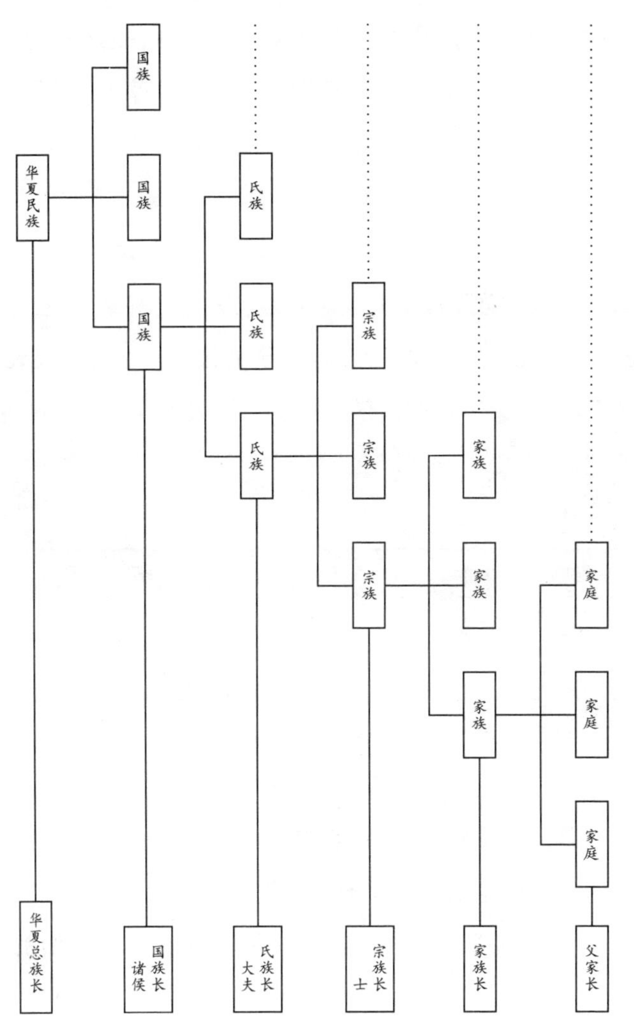

难怪学术界普遍认为，华夏国家和华夏民族的正式形成是在周，只不过这国家和民族被说成或看成一个“巨型家族”。

同时，它也是“好大一个公司”。

周天下这个公司是“家族型”的，也有总公司和子公司。总公司叫“天下”，总经理是天子，董事长是天。因为天子的治权是天授的，天下的产权也是上天的。子公司叫“国”，董事长是天子，总经理是诸侯。国是天下的子公司，同时又有自己的子公司叫“家”。家这个子公司的子公司，董事长是诸侯，总经理是大夫。因为大夫之“有家”，来自诸侯的授权；诸侯之“有国”，来自天子的授权。上天授权天子，叫“天命”；天子授权诸侯，诸侯授权大夫，则叫“封建”，包括“封邦建国”和“封土立家”。

| | 关系 | 董事长 | 总经理 | 授权方式 |
|---|---|---|---|---|
| 天下 | 总公司 | 天 | 天子 | 天命 |
| 国 | 天下子公司 | 天子 | 诸侯 | 封邦建国 |
| 家 | 国的子公司 | 诸侯 | 大夫 | 封土立家 |

嘿嘿，三级所有，层层转包。

因此从理论上讲，天子有权收回诸侯的封国，诸侯也有权收回大夫的采邑。这也是有文献记载和文物证明的。当然，上天更是有权收回天下。只不过，那事儿可就闹大了。它在历史上，就叫“革命”。

革命，会发生吗？

会。

因为“公司”有问题。

## 姬周株式会社

周天下这家公司，有点像“株式会社”。

日文和韩文所谓“株”，是股权和股份，一股就叫“一株”。所以，株式，就是股份制；株式会社，就是“股份有限公司”。

显然，株式会社的株，不是守株待兔的株，但这并不妨碍我们把周天下看作一棵“树”。井田，就是叶子；村社，就是花果；庄园，就是枝条；采邑，就是分枝；封国，就是支干；天下，则是主干。

哈哈！有这么一棵树也很好，大树底下好乘凉。

可惜树太大，也麻烦。

比方说，树大招风。

招风也是肯定的。毕竟，周人只是得到了“中国”。周边地区，东夷、南蛮、西戎、北狄，都是“风口”，谁知什么时候“风乍起”？一齐刮起来，更成了“龙卷风”。事实上，后来西周灭亡，平王东迁，就因为“西北风”。

看来，如果树大，那就必须根深。

所以，周代的统治者和思想家，跟日本企业家一样，都主张“和”，只不过中国讲“和谐”，日本讲“和拢”。日本人认为，从老板到员工，都应该把企业看作一个大家庭。为了避免家庭内部发生冲突，每个人都有责任“维稳”，有义务“维和”。这样才能“拢在一起”，长足发展，共同致富。这就叫“和拢经营”。

日本和韩国，是常常被看作“儒家资本主义”之成功范例的。这其实似是而非。没错，中华文明确实影响了日本和韩国，并被成功地应用于企业管理。但真正起到决定作用的，却不是“儒家思想”，而是“资本主义”，包括市场经济、契约精神、法治原则。至少，他们“产权明晰”。株式会社的资本，是股东们一株一株凑起来的。如果不想“血本无归”，那就必须“和衷共济”。

更重要的是，产权明晰，就责任明晰，权利明晰。大家都是公司的股权人，为公司奋斗就是为自己奋斗，谁不努力？

周天下却“产权不清”。

谁都知道，周天子的“资本”，其实是“枪杆子里面出政权”。然而按照“君权天授”的理论，却被说成是“天命空降，直接下载”，因此“普天之下，莫非王土”。这样一来，全部股权便都是周王的，只不过分给了大家。分配的结果，是诸侯和大夫得到了“原始股”，士农工商得到了“技术股”。这当然也未尝不可。既然都是股权人，就应该同心同德，才能把自己的股份变成“绩优股”。

可惜这最终只是一厢情愿。

首先，姬周株式会社既不“生产”，更不“分红”。公司总部只知道收“管理费”，生存发展全靠诸侯的国和大夫的家“自力更生”。时间长了，谁干呀？

其次，这家公司也不“上市”。不上市又要分蛋糕，还都想多吃多占，就只有“窝里斗”，结果“外战外行，内战内行”。

更重要的是，你说“普天之下，莫非王土”，请问有“授权书”吗？有“产权证”吗？没有。那好，我们打下的地盘，凭什么说是你的资本？我们创造的财富，凭什么说是你的股权？你能从皇天下载，难道我不能？你能把股权人从殷商变成周，难道我不行？不信革一回命试试？

于是到了战国，周天下这家股份有限公司，终于资不抵债彻底破产。

不过在西周初年，却没人想这些。毕竟，公司的破产要到五百年后。周人再有“忧患意识”，也想不到那么远。何况大家都吃了定心丸。嫡长子固然地位无法撼动，次子和庶子也都可以各奔前程。那就“和谐”吧！

但，这里面还是有问题。

什么问题？

天子诸侯的次子庶子可以再分封，大夫的呢？

## 重大失误

做不了大夫的贵族子弟，就做“士”。

士阶层的出现，是宗法制和封建制的必然结果。因为按照宗法制，次子和庶子不能袭爵；按照封建制，封到大夫就不能再封。因此，大夫的儿子如果没有继承权，就只有贵族身份，没有贵族爵位。

于是，这些无爵可袭的大夫之子，也包括家道中落的公子王孙，以及王室和公室的旁支远亲，便构成最低一级的贵族，叫做“士”。

士，在历史上极为重要。

重要性是逐渐显示出来的。如果说西周是王的时代，东周是诸侯的时代，春秋是大夫的时代，那么战国就是士的时代。那时的士，周游列国，朝秦暮楚，拉帮结派，合纵连横，演绎出一幕又一幕惊心动魄的活的戏剧。

秦汉以后，我们民族进入“帝国阶段”，废封建，行郡县，诸侯和大夫这两级贵族都被消灭。除了皇族，所有人都是平民。于是，士便成为平民之首，与其他阶层合称“士农工商”。从汉帝国到清帝国，官僚集团主要由士组成，甚至一度形成所谓“士族”。士，最终成为中国历史的主人，尤其是中国政治史、思想史和文化史的主人。

这并非没有原因。

首先，周代的士，是贵族，也有贵族的权利和待遇。权利包括祭祀权、参政权和从军权，待遇则低于王侯大夫，高于平民。比方说，婚姻，一妻一妾；祭祀，三鼎二簋；乐舞，二佾（读如异），也就是舞女两行。

但作为贵族，士“有权利，无权力”，最重要的是没有治权。因为天子、诸侯、大夫都有领地，比如诸侯有封国，大夫有采邑。这些领地，经过了授土、授民和授爵三大程序，因此领主不但有财权，还有治权。

士就没有领地，只有“食田”，也就是某块田地的赋税归他，但对田里的农民不能统治。而且，还必须担任一定职务，才有食田，食田不是他的私产。拥有“世职”（世袭的职务）和“世田”（世袭的田地）的，是少数。

越来越多的士，都只能“打工”。

这就要有本事。实际上，但凡士，都多少有些能耐。他们或者有武艺，可以做战士、保镖、刺客；或者有文化，可以做史官、智囊、文秘；或者懂经营，可以做管家、会计、经纪人；或者会方术，可以治病、疗伤、看风水、配春药、传授房中术。再不济，也能“鸡鸣狗盗”。

显然，周代的士，就是当时的“知识分子”和“白领阶层”。他们地位不高不低，人数不多不少，能量不大不小，最适合培养为“中产阶级”。苟如此，就能形成巩固各级政权、维护社会稳定的“中坚力量”。

然而周人最大的失误，就在这里。

从西周大封建开始，真正得到实权和实惠的，是诸侯和大夫。最后养肥的，也是这些“中上层贵族”。这对“中央”其实是不利的。因为诸侯和大夫越强大，天子就越虚弱。强枝弱干的结果，是周王室成为“皮包公司”，周天子成为“光杆司令”，最后连“橡皮图章”都当不成。

一并退出历史舞台的，还有“封建秩序”。因为诸侯可能强于天子，大夫也可能强于诸侯。子公司超过总公司，岂能不乱？只不过，春秋是诸侯架空天子，比如“五侯争霸”；战国则是大夫灭了诸侯，比如“三家分晋”。但无论哪一种，士都是帮凶。

但同时，挺身而出希望救世的，也是士。这就是“先秦诸子”。其中，儒家代表文士，墨家代表武士，道家代表隐士，法家代表谋士，都是士的代表。只不过，他们的方案各不相同，甚至认为那世界无药可救。

同样是士，为什么有的“助纣为虐”，有的“救苦救难”，如此不同呢？

因为有“君子”，有“小人”。

## 君子与小人

君子与小人，也来自宗法和封建。

依照宗法制，贵族的次子和庶子，也可以“开宗立派”，只不过嫡长子立的叫“大宗”，次子和庶子的叫“小宗”。但依照封建制，天子的小宗却是诸侯，那可是国族的大宗。同理，大夫是国族的小宗，同时是氏族的大宗；士是氏族的小宗，同时是宗族的大宗。所以士可以“一妻一妾”。甚至士人的族如果庞大，他的次子和庶子，还能成为家族的族长。

但只要算一笔账，谁都清楚这世界上是大宗多还是小宗多。而且，只要贵族们的世代足够长久，族就会裂变，小宗的人数也会越来越多。这就形成了一个人数众多的特殊阶层——小人。

小人，就是“小宗之人”。

相反，嫡长子则总是贵族。诸侯的嫡长子是国君，大夫的嫡长子是家君。那好，周王的儿子是“王子”，公侯的儿子是“公子”，家君的儿子就是“君子”。这，倒是不论嫡庶的。甚至宗族的族长，由于“俨然君主”，他的儿子也可以叫“君子”，至少嫡长子可以。

君子，就是“君主之子”。(见本书第107页图表)

这就是君子和小人的本义——大宗之子和小宗之人。这时，作为贵族，小宗之人也是“人”，地位至少比“民”高。民，是平民和奴隶。但，君子之泽，五世而斩。天长日久，子子孙孙，贵族们那些庶子的庶子的庶子，就不但只能是小宗的小宗的小宗，甚至不再是“人”。低级贵族之小宗，更是如此。

这就产生了第二种含义：君子是贵族，小人是平民。

贵族与平民，是“阶级”，也是“等级”。由于是等级，后来又指“品级”，也就是君子高贵、高尚、高雅，小人粗俗、低俗、庸俗。原因也很简单：文化资源和教育资源不一样。君子能接受良好的教育，当然“三高”；小人甚至无法接受正规教育，当然“三俗”。

再后来，阶级的意义没有了，品级的意义也淡化了，变成了“品类”：君子是好人，小人是坏人。或者说，君子道德高尚，小人品质恶劣。阶级讲身份，等级讲地位，品级讲品位，品类讲品质，都是君子高，小人低。

这是君子和小人的第三种含义。

毫无疑问，这里面有歧视，却不等于没意义。意义是对士的。因为王之子是王子，公之子是公子。所谓“君子”，主要指大夫的儿子，即“家君之子”，也就是“士”。士，可是在贵族和平民之间荡秋千的。你自强不息，就仍是君子；你自甘堕落，就沦为小人。因此，必须树立君子之德，弘扬君子之风。尽管那最后的结果，不过是成为“精神贵族”。

然而这很重要。

事实上，有“精神贵族”，才有“贵族精神”。贵族精神不是摆谱、撒娇、端架子，而是高贵、自律、守底线，独立、自由、有尊严。为此，他们倒驴不倒架，可杀不可辱，宁肯杀身成仁，不肯苟且偷生。

这样的精神，是我们民族宝贵的文化遗产。

因此，正如不能没有中产阶级，一个社会也不能没有精神贵族。然而纵观中国历史，从先秦到唐宋，虽无中产阶级，却有精神贵族。但到明清以后，专制日盛，斯文扫地，精神贵族和贵族精神都日见稀缺，甚至被赶尽杀绝。中华文明的精神，可谓命悬一线！

但这是后话，现在还看西周。

天子
嫡长子
天子
王族大宗
次庶子
王子
王族小宗
诸侯
嫡长子
诸侯
王族小宗
公族大宗
次庶子
公子
公族小宗
大夫
嫡长子
大夫
公族小宗
氏族大宗
次庶子
君子
氏族小宗
士
嫡长子
士
氏族小宗
宗族大宗
次庶子
庶人
小宗之人
小人
◎周朝的宗法传承

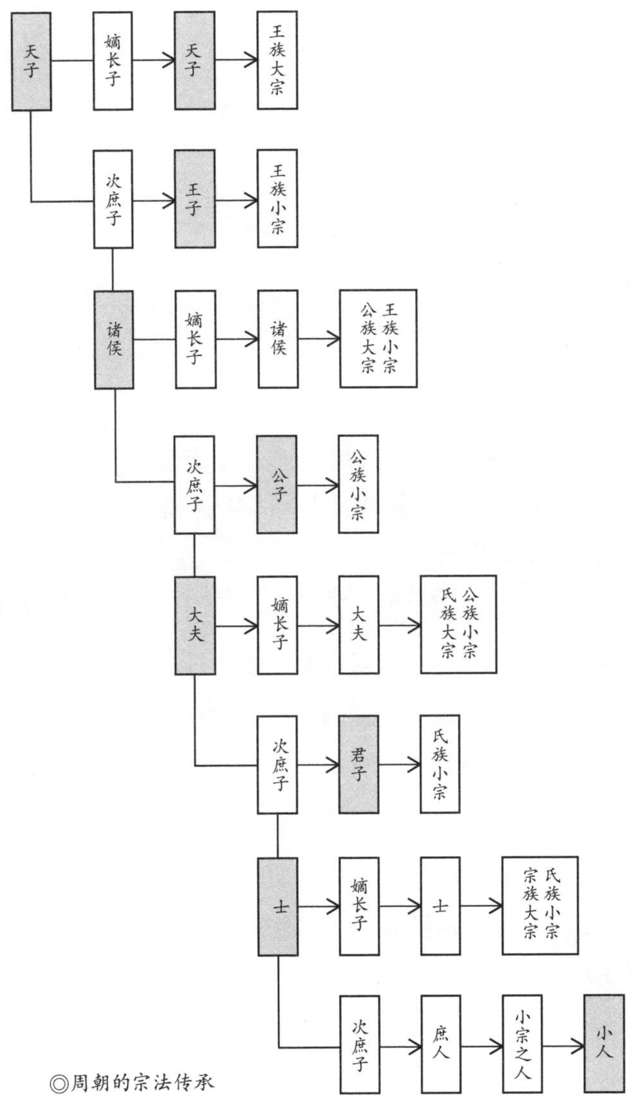

## 算盘未必总如意

说起来，周天下其实算得上树大根深。

周的根，在农村。

这并不奇怪。周，原本就是农业民族。何况在邦国制度的框架下，诸侯的国，大夫的家，都是自主经营。大夫的财政收入当然来自采邑。诸侯的则不但来自全国，自己也会有一块自留地，就像天子拥有天下之外，还有一个周王国。周王国是实体。它是周天下的“中央政府”，同时也是“独立王国”。后来周天子被架空和颠覆，就因为他的王国每下愈况，综合国力不但不如诸侯的封国，甚至不如大夫的采邑。

采邑是周的“基层政权组织”，地位相当于后来的县，规模相当于现在的乡。采邑中有村社，大一点的或者还有庄园、牧场和森林。城堡之外的郊野，则是八户或十户农民编组耕种的井田。管理采邑事物的，是大夫的“家臣”。

家臣都是士。职位高的叫“宰”，是大夫的“大管家”。孔子的学生子路和冉有，便做过鲁国大夫季孙氏的宰。但这已经是春秋了。西周时期，家臣应该都是不能袭爵的“家君之子”。他们既然不能像嫡长子那样接班做“家君”，也就只好去做“家臣”，帮助父兄“齐家”。

这是合理安排，也是如意算盘。

我们知道，周天下其实很大。不要说远在天边的周王，就连大国的诸侯和大邑的大夫，距离子民也很远。真正在第一线接触民众的，就是家臣。所以家臣至关重要，然而君主们却大可放心。因为家臣是大夫的子弟，大夫又是诸侯的子弟，诸侯则是天子的叔伯、舅舅、兄弟、子侄、女婿、连襟、妹夫、丈人。这样的江山，岂非铁打铜铸；这样的政权，岂非稳如泰山？

至少，那根子也扎得够深的了。

可惜人算不如天算。

天算是什么呢？是日子久了，血缘就淡薄，关系就递减。这是自然规律。所以，用血缘和婚姻来维系政治联盟，可以奏效但不能持久。再大再和谐的族群也要分家，四世同堂就到了顶，接下来便是五世而斩。

何况周天下这个总公司原本就是虚的，实体是诸侯的国，后来还有大夫的家。实际上，从西周到东周，发展的趋势就是强枝弱干。不但诸侯变得尾大不掉，就连大夫也后来居上，请问那还能维持吗？

没错，凡事有利就有弊，算盘未必总如意。刀切豆腐两面光的事，是没有的。但始料不及的，是问题会出在家臣。

家臣有什么问题？

忠心耿耿。

奇怪！忠心耿耿不好吗？好。但家臣不是忠于国君，更不是忠于天子，而是忠于大夫。因为大夫是“家君”，他们是“家臣”。所以他们公开宣布“只知有家，不知有国”。最搞笑的是公元前530年，鲁国大夫季孙氏的一个家臣在宫廷斗争中站在国君一边，结果成了过街的老鼠。乡亲们讥讽地说：我有一块菜地，长的却是草皮。身为家臣而心系国君，太有才了你！[2]

这可真是让人哭笑不得。

是啊！原本希望“家国一体”，结果变成“家国对立”；原本用于维稳的手段，却变成最不稳定的因素，岂非莫大的讽刺？

更具讽刺意味的是家臣的理论。周公他们不是说“普天之下，莫非王土；率土之滨，莫非王臣”吗？家臣的说法，却是“封略之内，何非君土；食土之毛，何非君臣”。[3] 封略，就是大夫的采邑；君，则是家君，也就是大夫，没诸侯什么事，更没天子什么事。这简直就是地地道道的“修正主义”。

哈！原来他们心目中的君臣关系，只存在于采邑之中。什么镇守边疆，捍卫王室，不过一句空话，甚至根本就是扯淡！

周公，你想得到吗？[4]

周公和孔子都不变态，
他们为青年男女的性爱留下了自由的空间。
三月三的中国情人节，演出了东周版的《花儿与少年》。

第五章

# 两个基本点

## 爱国贼

鲁国那个跟家君唱反调的家臣，叫南蒯（kuǎi）。

南蒯是季孙氏封地费邑的宰。照规矩，季孙氏把费邑承包给南蒯后，自己就不怎么管事，所以南蒯在那里当了三年老大。但，当南蒯决定背叛季孙大夫、支持鲁国国君时，费邑人却不干了。他们把南蒯抓起来，对他说：过去我等听命于先生，是因为忠诚于主上。现在先生有了那种想法，我辈却没有这等狠心。那就请先生另谋高就吧！您老人家的理想抱负，上哪儿不能实现啊！

众叛亲离的南蒯只好抱头鼠窜逃到了齐国，齐国倒也收留了他。

有一天，南蒯伺候齐景公吃饭。

景公突然端起酒杯说：你这叛徒！

南蒯不知景公是真是假，当时脸都绿了，一肚子委屈地辩解说：微臣岂敢叛乱，不过想强大公室而已。这可是爱国呀！

旁边的齐国大夫却反唇相讥：一个家臣，爱的什么国？你罪过大了去了！[1]

奇怪！爱国有罪？

不。爱国无罪，但要有资格。诸侯爱国就是对的，因为他是“国君”。大夫爱国也是对的，因为他是“国人”。家臣爱国，则“罪莫大焉”。

家臣爱国，何罪之有？

僭越。也就是通房大丫头把自己当成了大老婆。

前面说过，封建是一种秩序。它确定的君臣关系和效忠对象，也是有层级的。具体地说，从上到下，天子之臣是诸侯，诸侯之臣是大夫，大夫之臣是士（家臣）。从下到上，家臣忠于大夫，大夫忠于诸侯，诸侯忠于天子。因此诸侯可以“爱天下”，大夫可以“爱国”，家臣则只能“爱家”。这就叫“礼”，也才叫“忠”。越级非礼而爱国，就是“爱国贼”。乱臣贼子，人人得而诛之。齐景公只把南蒯叫做“叛夫”，算是客气。

那么，费邑的邑人，为什么可以反对他们的总管南蒯，越级忠于季孙氏？

因为按照邦国制度，天下只有一个，封区只有两级。封到采邑，就不再分封。家臣不是“君主”，只是大夫派出的代理人。邑人也不是家臣的臣，而是大夫的臣，即“家人”。他们的道德义务，是“忠君爱家”，不是“忠君爱国”。这跟季孙大夫的是非对错没关系，跟南蒯的政治立场更没关系。

礼，只认秩序，不管是非。

后果当然很严重。依照这个“忠君原则”，诸侯如果对抗天子，大夫就应该跟着对抗；大夫如果反叛诸侯，家臣也会跟着反了。周的灭亡，就因为此。

但是没有办法，因为是非讲不清。公说公有理，婆说婆有理，怎么操作？

讲得清并可操作的，只有秩序。

秩序贯穿着邦国制度。井田是经济秩序，宗法是社会秩序，封建是政治秩序。这就一要“明差异”，二要“定等级”。井田制区分“公私”，于是有公田、私田；宗法制区分“嫡庶”，于是有嫡子、庶子；封建制区分“君臣”，于是有人、有民。人是贵族，民是平民和奴隶。这是“阶级”，三等。天子是超级贵族，诸侯是高级贵族，大夫是中级贵族，士是低级贵族。这是“等级”，四等。此外还有公侯伯子男，是诸侯的“爵级”，五等。

由此可见，秩序即等级。它就像井田一样形成序列，叫“井然有序”；就像阡陌一样条理分明，叫“井井有条”。事实上，等级分明的周社会，就是一块“井田”；秩序井然的周制度，则是一口“井”。周公和他的继承人，以愚公移山的精神挖井不止，终于挖得深不见底，单等我们跳下去。

这口“井”，就叫“伦理治国”。

## 好大一张网

什么叫“伦理”？

伦，是一个很晚才有的字。甲骨文和金文都没有“伦”。它的本字，应该是“侖”(仑)，金文的字形像栅栏。后来加上单人旁，变成“倫”，有类比（无与伦比）、匹敌（精彩绝伦）、条理（语无伦次）等意思。

◎金文的“仑”(剌鼎)。

其实，伦，就是秩序和类别。如果没有，就叫“不伦不类”。但最重要的秩序和类别，是人类社会的，叫“人伦”。按照后来儒家的说法，人伦包括五种人际关系：君臣、父子、兄弟、夫妇、朋友，叫“五伦”。规范五伦的道理、法则和仪式，就叫“伦理”。

伦理的核心，是“名分”。

从字面上讲，名分就是名位和职分。说白了，则是一个人的社会身份和社会角色，以及相应的权利、义务和待遇。其中地位特别高的，还有爵号和车服等等，叫“器”。名和器合起来，叫“名器”。名不同，器也不同。比如祭祀用的礼器，天子九鼎八簋，诸侯七鼎六簋，大夫五鼎四簋，士三鼎二簋，都是鼎奇数，簋偶数。祭祀时的乐舞，天子八佾，诸侯六佾，大夫四佾，士二佾。祭祀穿的礼服，天子十二旒，诸侯九旒，上大夫七旒，下大夫五旒。旒（读如流），是垂在冕前面的珠串。士没有冕，也就没有旒。

名分，决定着待遇、规格、谱。

所以，传统社会的中国人极其看重名分。妻们固然会严防死守，小老婆也不能“妾身未分明”。比如《红楼梦》里的花袭人，是最早跟贾宝玉上床的。但因为没有“走程序”，结果便连妾都不是。

名分，简直就是“命根子”。

没有人可以不要名分。没有名分，就没有面子。面子是名分的标志，也是人的脸面，或脸谱。摆出来，就叫“摆谱”；有了它，就叫“有谱”。这就可以交往，可以“面对面”。否则，就“对不起”。[2]

难怪我们“死要面子”。

其实，面子可以要，也可以给。小妾“扶正”，副职“转正”，是实实在在地给；称小老婆为“如夫人”，芝麻官为“大老爷”，是客客气气地给。但无论虚名还是实惠，也无论是赠送抑或索要，前提都是你得认同伦理，看重名分。只要你当回事，所有程序便会启动。从此，你就成了电脑里的数据，任由纲常伦理的软件处理。

这是一张蜘蛛网，而且弹性很好。

能够逃出这张网的人很少。你出家？庙里有师父。你落草？山寨有头领。你自主择业？业内有行会。你浪迹江湖？江湖有门派。你不可能绝对一个人生存。只要归属于某一群体，那就要有名分。只要接受名分，那就仍在五伦。所以苏东坡“常恨此身非我有”，但发完牢骚，照旧回家睡觉。什么“小舟从此逝，江海度余生”，根本做不到，也没当真想过。[3]

这可真是“天网恢恢，疏而不漏”。宗法伦理，将所有人都“一网打尽”。

得了便宜又卖乖的，是那只“蜘蛛”。

因此，尽管秦始皇憎恨封建，汉高祖厌恶儒家，却都不反对伦理治国。秦始皇的政策，是既要“依法治国”，又要“道德礼仪”，只不过把德和礼都纳入法。因此，他除了推行

“车同轨，书同文”，还要求“行同伦”。汉高祖则在登基不久立足未稳时，便让儒生叔孙通重新制定了礼仪。此后，以纲常伦理为核心的礼乐制度，不但没有因为邦国变成帝国而被废除，反倒一直延续到清。

这绝非偶然。

## 便宜了谁

讨厌儒家的刘邦，后来确实尝到了礼治的甜头。

那是西汉王朝的建国之初，大乱虽平而天下未定，跟西周初年的局势几乎完全一样。只不过，追随武王伐纣的，是姬姓和姜姓的贵族，比如太公望、周公旦、召公奭，以及其他方国的豪酋。虽然他们在殷商眼里是蛮族，文化程度其实都不低，个个都是风流人物。

刘邦的队伍就差得多。除张良是贵族，韩信算是破落贵族，其余的，陈平是无业游民，萧何是蕞尔小吏，樊哙是狗屠，灌婴是布贩，娄敬是车夫，彭越是强盗，周勃是吹鼓手，刘邦自己则是地痞无赖，基本上是草台班子。

何况此时，礼坏乐崩已经几百年。像周武王那样严格按照礼制来举行开国大典，他们哪会？未央宫建成后，刘邦大宴群臣，居然乘着酒兴对太上皇说：过去老爸总骂我不如二哥能干，将来生活没有着落。现在看看，是二哥的产业多，还是我的多？殿上群臣也跟着起哄，大呼小叫，乱成一团，完全没有体统。

这简直就是群魔乱舞。

叔孙通他们自然看不下去，大汉朝廷也不能是土匪窝子。于是好说歹说，终于劝动刘邦同意制定礼仪，文武百官、功臣勋贵也都进学习班培训。从此御前设宴，人人庄严肃穆，规行矩步，行礼如仪。刘邦自己也喜不自禁。他余味无穷地说：老子今天才晓得，当皇帝还真他妈的过瘾！

当然过瘾。伦理、道德、礼仪，原本就是为了让君主们坐稳江山。秦汉以后，历朝历代都坚持伦理治国和礼乐制度，原因就在于此。

实际上所谓“五伦”，最重要的就是君臣。除朋友外，父子、兄弟、夫妇，也都可以看作君臣关系。父亲是“家君”，丈夫是“夫君”，长兄如父也是“君”。反过来也一样。或者说，君臣如父子，同僚如兄弟，正副职如夫妻。政治伦理，注定了是家庭伦理的“国家版”。

那么，家庭伦理，最重要的是什么？

和谐。家和万事兴。

怎样才能和谐？

讲名分，重称谓，守规矩，尽孝心。比如跟父母说话，要自称“儿子”。如果父亲是君王，则自称“儿臣”。跟哥哥说话，要自称“小弟”。如果哥哥是君王，则自称“臣弟”。跟丈夫说话，要自称“妾”。如果丈夫是君王，则自称“臣妾”。对父母，要“早请示，晚汇报”。父母的年纪，必须挂在心上，还得“一则以喜，一则以惧”，喜的是他们健康长寿，惧的是他们年老力衰。[4] 父母去世，要“守丧三年”。如果父母是天子或诸侯，则要在他们临死之前成立“治丧委员会”，给他们备好棺椁，换上寿衣，然后守在他们身边看着他们死，叫“为臣”。这是中国最早的“临终关怀”，但只有天子和诸侯才能享受。

所有这些，归结为一个字，就是“孝”。

孝道表现于国，就是“忠”。忠，不是人的天性，因此需要培养。培养基地，就在家庭。事实上，一个人如果孝敬父母，就不会背叛君主；如果友爱兄弟，就不会欺负同事。忠臣出于孝子之门，并非没有道理。

难怪所谓“君仁臣忠，父慈子孝，兄友弟恭，夫和妇柔”，竟有三组是家庭伦理。是啊，对自己子女都没有爱心的君，可能仁吗？对自己父母都没有孝心的子，可能忠吗？父子像父子，才会君臣像君臣，尽管占便宜的还是君父。

什么叫“天下为家，家国一体”？这就是。

## 天字一号乐团

现在，我们更清楚南蒯为什么不招人待见了。

道理其实很简单：国伦理在家伦理，从小就能看到大。比方说一个人虐待父母，却宣称忠于祖国，靠得住吗？同样，南蒯背叛家君，却宣称忠于国君，谁相信呢？更何况，他只是季孙大夫之臣，大夫才是国君之臣。鲁国国君的事，是他该管的吗？如此僭越，难道也叫“效忠”？对不起，这叫“上访”！

南蒯不明白的，魏绛明白。

魏绛是春秋时期晋悼公的大夫。因为功勋卓著，悼公要将郑国奉献的乐队分一半给他，魏绛表示不敢当。魏绛说：乐舞是用来巩固美德的，因此可以镇抚邦国，同享福禄，怀柔吸引远方之人。这才叫“乐”。

奇怪！乐，为什么能“殿邦国，同福禄，来远人”呢？

因为乐是艺术化的礼，礼是伦理化的乐。

是这样吗？

是。

周人的乐，甚至古人的乐，并不只是音乐。准确地说，是诗歌、音乐和舞蹈的“三位一体”，叫“乐舞”。所以晋悼公打算赐给魏绛的“乐”，就包括一组编钟，还有一支八人组成的歌舞队。

但，乐舞叫做乐，是因为以音乐为灵魂。音乐最重要的是什么？节奏和韵律。伦理最重要的是什么？秩序与和谐。秩序，就是礼的节奏；和谐，就是礼的韵律。因此，礼治社会，就应该像音乐作品；社会成员，则应该像乐音。乐音有音高、音长、音强、音色的不同。社会成员一样，也得有差异。有差异，才多样。多样统一，才和谐。

礼，就是界定差异的。

问题是：怎么界定？

说复杂也复杂，说简单也简单，无非“别内外，定亲疏，序长幼，明贵贱”。区分华夏与蛮夷，是“内外有别”；区分血亲与姻亲，是“亲疏有差”；区分老者与少者，是“长幼有序”；区分嫡子与庶子，是“贵贱有等”。它甚至表现为一系列的“制度”。比如平民不能戴帽子，只能扎头巾，叫

“帻”(读如则)。贵族当中，士又只有冠，没有冕。冠冕堂皇的，是天子、诸侯、大夫。

显然，这里最重要的是贵贱，贵贱是“音高”。其次是亲疏，亲疏是“音长”。再次是长幼，长幼是“音强”。至于内外，或许可以看作“音色”，华夏民族是“黄钟之鸣”，蛮夷戎狄是“瓦釜之音”。如果“黄钟毁弃，瓦釜雷鸣”，那就不是“亡国”，而是“亡天下”了。

不过在周人看来，他们的天下不会亡，因为像音乐。天子和诸侯是“高音”，大夫和士是“中音”，平民和奴隶是“低音”。也像音乐团体，民族和国族是乐团，氏族和宗族是乐队，天子、诸侯、大夫、士是指挥。

这可是天字第一号的乐团，演奏的是最恢宏的交响乐、最悦耳的奏鸣曲。主题，据说叫“和”。

是的。礼辨异，乐统同。礼，就是让人遵守秩序的。乐，则是让人体验和谐的。

所以贵族要“钟鸣鼎食”，还要佩玉。玉是“君子之器”。它高贵、典雅、温润，不张扬，文质彬彬。何况玉器佩带在身上，是要发出声响的。这就会提醒主人举手投足要合乎礼仪，要有节奏。有节奏就有节制，也就气度不凡。

学习音乐，观赏乐舞，更是贵族必修的功课。如果有条件，还应该向全民推广。孔子的学生言偃（子游）主持武城县工作时，便处处都是弦歌之声。周人认为，庙堂有音乐，则君臣“和敬”；乡里有音乐，则宗族“和顺”；家中有音乐，则父子“和亲”。[5] 难怪孔子上课时，会有学生鼓瑟。

这就是“礼乐教化”。但，这跟“以德治国”又有什么关系呢？

不妨“实地考察”一番。

## 权利与义务

先看“乡饮酒礼”。

所谓“乡饮酒礼”，原本是酒宴形式的“政治协商会议”。应邀参加的基本上都是“老同志”，讨论的也是军国大事，比如“定兵谋”。所以，它很可能是部落时代军事民主的遗风，相当于古希腊和古罗马的“元老院”，只是没有表决权。但到后来，就连咨询的意思也没有了，只是定期不定期地请社会贤达们来吃饭喝酒看表演，变成了“政协委员”的俱乐部。

那么，这个“礼”，怎么会从西周一直延续到清代道光年间呢？[6]

因为有意义。

意义就在“尊长、养老、敬贤”。按照规定，参加乡饮酒礼的各界人士，六十岁以上的坐，五十岁以下的立。享用的菜肴也不等，年纪越大越多。这就等于向全社会宣示，对长者要尊，对老者要养，对贤者要敬。所以，酒会上要“序齿”（以年龄大小为序），还要“奏乐”，比如“我有嘉宾”的《诗·小雅·鹿鸣》。

实际上周人之德，无非“尊尊”和“亲亲”。尊尊，就是尊敬该尊敬的；亲亲，就是亲爱该亲爱的。人与人如果互敬互爱，社会就和谐太平。因此，尽管后来的乡饮酒礼并没有实质性内容，也要坚持，因为这本身就是德。

显然，有礼必有德，有德必有礼。相反，失礼则缺德，非礼则无德。德是目的，礼是手段；德是内心修养，礼是行为规范。因此，也表现为权利和义务。

比如“冠礼”。

冠礼又叫“婚冠礼”，其实就是贵族子女的“成年礼”。按照西周制度，孩子出生百日，要由父亲“命名”，表示他正式获得生命，成为家庭成员。如果是男孩，六岁开始在家学习，是“家学”。十岁进寄宿学校，是“小学”。十五岁入“辟雍”，这就是“大学”。二十岁大学毕业，就要举行婚冠礼，正式成人。

婚冠礼是无论男女都要举行的，只不过女十五，男二十。这时要做两件事。第一是把头发盘在头顶，叫“束发”。然后女插簪子，叫“笄”(读如基)；男戴帽子，叫“冠”。

第二是请嘉宾为他们起一个“字”。名是卑称，字是尊称。前者用来称呼晚辈、学生、子女和自己，后者用来称呼同辈和同辈以上的他人。有了字，就可以进行社交，当然意味着成人。

有字以后，男孩子就可以叫做“士”，也叫“丈夫”，即“成年男子”。

男大当婚，女大当嫁，所以冠礼同时也是订婚礼。由于男女双方的婚配都与束发同时，因此叫“结发夫妻”。如果女孩子还没有合适对象，则暂不订婚，也不起字，叫“待字闺中”。

但意义重大的是“加冠”。

加冠一共三次。第一次加“缁冠”（缁读如资），这是用来参加政治活动的。第二次加“皮弁”（弁读如变），这是猎装和军装，所以同时还要佩剑。第三次加“爵弁”（爵读如雀），这是用来参加祭祀活动的，又叫“宗庙之冠”。

一加缁冠，有参政权；二加皮弁，有从军权；三加爵弁，有祭祀权。有权利就有义务，何况“国之大事，唯祀与戎”。因此三次加冠后，初冠的青年还要拜见国君和元老，主持仪式的嘉宾也要发表训词。这是最重要的一堂德育课。

显然，束发和加冠，就相当于犹太人的“割礼”，都意味着社会的规范和约束。而且，这两种礼仪，也都是以一种让人终身难忘的方式，告诉孩子们什么是真正的人，怎样才能成为真正的人。

与此同时，我们民族也成年了。

那么，我们可以青春焕发吗？

当然可以。

## 中国情人节

接受了笄礼和冠礼的姑娘和小伙子，有权利参加一个盛大的节日。时间是在仲春之月，日子是三月三，名字叫“上巳节”。按照周礼的规定，这一天所有成年男女都可以到荒郊野外，享受最充分的性爱自由。

这是中国的“情人节”。

实际上这样的节日，世界各民族都有。古罗马的叫“沙特恩节”，时间在冬至。殷商也有，时间在玄鸟（燕子）归来时。周人，不过继承了传统。

那真是一个人民大众开心的日子。桃花三月，春水碧绿，鲜花盛开。春心荡漾的少男少女们手拿兰草，从四面八方赶到河边，举行爱的狂欢。如果遇到意中人，女孩子还会主动搭讪。《诗·郑风·溱洧（读如真委)》这样描述——

溱水和洧水，

春波浩荡弥漫。

少女和少男，

手中拿着泽兰。

女孩说：过去看看?

男孩说：刚刚看完。

女孩说：看了也可以再看嘛!

那边地方又大又好玩。

于是说说笑笑往前走。

还相互赠送了芍药花。[7]

这可真是东周版的《花儿与少年》。

是的。小呀小哥哥呀，小呀小哥哥呀，小呀小哥哥呀手拖着手儿来。

嘿嘿，还“赠之以芍药”。

奇怪！周，不是“礼仪之邦”，讲“父母之命，媒妁之言”，讲“男女授受不亲”吗？也会有这等事？

当然有。

事实上从西周到汉唐，宗法礼教之外也尚有性爱自由，以至于被卫道士们骂作“脏唐烂汉”。什么“饿死事小，失节事大”，那是宋儒造的孽。其结果，是殷的豪放灵性没了，周的天真烂漫没了，春秋的高贵风雅没了，战国的血气方刚没了，汉的开拓和唐的开放也没了。士人堕落为文人，而且“集体阳痿”，只知道在皇帝面前磕头如捣蒜，然后回家打老婆。

这才真是“罪莫大焉”！

好在此刻还是周。后来孔子编辑整理《诗经》，也没有删除那些“淫词艳曲”，我们这才得以一睹当年风采。

谢谢孔夫子！您老人家人性。

事实上，伦理道德归根结底是为了人。这就必须尊重人性，尊重人的各种需求。但凡违背人性的，都只能是伪善，是伪道德。靠伪道德来维持的稳定，永远都只能是表面的。

这个道理，周公和孔子心里都明白。

他们不傻，也不变态。

因此，尽管周公“制礼作乐”，孔子“克己复礼”，目的都是为了维护姬周政权，维持封建秩序；但他们至少清楚，心理维稳才是最好的维稳。这就要“伦理治国”，包括德治和礼治；也要“礼乐教化”，包括礼教和乐教。礼和乐，是落实以德治国的“两个基本点”。

不过既然是“心理维稳”，那就要“深入人心”。因此既得“扎篱笆”，又要“开口子”，兼顾社会规范和个人自由，正如封建制要“兼顾君权与民权”。这就像犹太人的割礼，只会割掉少许包皮，不会连根切断。没错，切得跟宦官似的倒是彻底安生了，但那样的稳定有意义吗？

治国需要智慧，更需要人性。

现在，华夏民族已经完成了自己的“成年礼”，也拥有了自己的“情人节”，可以盘点一下是非得失，弄清楚文化系统了。

稳定压倒一切。
维系群体，靠的是宗法制度、礼乐教化和血缘关系。
所谓周礼，不仅是敬神祭祖，更在于身份认同。

# 第六章

# 根本所在

# 黑名单

周人创造出井田制、封建制、宗法制和礼乐制的时候，世界上许多民族还迷迷瞪瞪。南亚，达罗毗荼人创造的哈拉巴文明已与世长辞，还留下了几百年的空白。未来文明的主角雅利安人，正摸着石头渡过印度河。西亚，巴比伦国内乱作一团，犹太人则刚刚建立他们的希伯来王国。南欧，希腊人打完了特洛伊战争，却仍然停留在“尧舜时代”。大洋彼岸的中美洲，奥尔梅克文明就像他们的巨石人像，只有脑袋没有身子。至于现在属于欧盟的大多数地方，要么荒无人烟，要么住着野蛮人。北美和大洋洲，则基本上是不毛之地。

可以比较的，是埃及和亚述。

埃及一统天下最早，比西周建立国家联盟早了两千年，比秦汉建立集权帝国则早了两千八百多年。公元前3100年，纳尔迈（美尼斯）兼并上下埃及，建立了“第一王朝”。这跟周革殷命并不相同。周人是小鱼吃了大鱼，纳尔迈则是把两条鱼并在了一起。但遇到的问题是一样的：如何安定人心，巩固政权。

纳尔迈的办法是两次加冕。他原本是上埃及国王，头戴白色王冠，以鹰为保护神，百合花为国徽。下埃及国王则头戴红色王冠，以蛇为保护神，蜜蜂为国徽。于是纳尔迈便在上下埃及各加冕一次，然后在不同场合戴不同的王冠，表示他既是上埃及的君，也是下埃及的主。但保护神，则仍是神鹰荷鲁斯。

这当然很聪明，但武王和周公更智慧。他们不但给自己加冕，也给各路诸侯加冕，还授予诸侯们分封大夫的加冕权。结果方方面面、上上下下，都弹冠相庆，冠冕堂皇。相比之下，纳尔迈只给自己加冕，就收买不了那么多人心。

更何况，这种自己给自己加官进爵的事，谁不会做？最后，那王冠便戴到了利比亚人和埃塞俄比亚人的头上。

再看亚述。

亚述也曾经是两河流域的“天下之王”，这是一位古亚述国王的原话。[1] 这位国王在世时，我们这边商汤灭了夏桀，埃及的中王国则被希克索斯人所灭。不过古亚述这“天下之王”并没做多久，真正崛起的是古巴比伦。

但到我们的东周时期，亚述却突然空前强大。亚述先后征服了小亚细亚东部、叙利亚、腓尼基、以色列和巴比伦尼亚，后来又侵入阿拉伯半岛，征服埃及，毁灭埃兰，成为不可一世的帝国。这个帝国横跨西亚和北非，将美索不达米亚和埃及这两大古老文明，都置于自己的统治之下。

一个国家有如此众多的民族、如此辽阔的领土，这在世界历史上是第一次。

亚述面临的挑战，不亚于周。

然而他们的办法却似乎只有一个：杀人。亚述国王的残暴令人发指，屠城和虐俘的记录则不绝于史书。亚述铭文中居然充斥着这样的句子：我像割草一样割下他们的头颅，我像踏板凳一样踏在巴比伦王的脖子上，谁敢造反我就把他的皮剥下来铺在死人堆上，我要用他们的尸体把城市的街道填平。他们甚至一把火烧毁了巴比伦城，还把灰烬作为纪念品带回去供在神庙里。[2]

结果是什么呢？是他们的文明连同他们的帝国一并灭亡，而且不再复活。

历史的进程是残酷的。上了“文明毁灭黑名单”的还有古埃及、巴比伦、哈拉巴、克里特、奥尔梅克、赫梯、波斯、玛雅等等，不下二三十种。

延绵不绝的是中华文明，起死回生的则是希腊—罗马文明。希腊城邦和罗马帝国虽然不复存在，但“人亡政不息”，反倒波澜壮阔地发展为西方文明。与此同时，伊斯兰文明后发制人，勃然崛起，席卷全球。不难预测，未来世界将是西方文明、伊斯兰文明和中华文明唱主角。

何以如此？

这是一个“斯芬克斯之谜”。

## 斯芬克斯之谜

斯芬克斯，是希腊人对狮身人面像的称呼。不过，古希腊的斯芬克斯却有两只翅膀。这就比古埃及那个长着石灰石脑袋的家伙，显得轻盈娟秀，也就能超越时空从雅典飞到费城。

◎那克索斯的斯芬克斯，公元前560年，大理石，高2.25米。

翅膀，是重要的。

是啊，没有翅膀就不能飞。但怎样飞翔，却还要看是什么样的翅膀。伊斯兰文明此刻还没有产生，这里只说希腊和中华。[3]

中华的翅膀，是忧患心理和乐观态度。

的确，忧患是我们民族文化的底色。从《诗·小雅·小旻》的“战战兢兢，如临深渊，如履薄冰”，到孟子的“生于忧患，死于安乐”，再到以《义勇军进行曲》为国歌，忧患意识几乎贯穿了整个中华史。

这是对的。历史的经验证明，任何一个政权，忧患则生，安乐则死。个人也一样。所以，士大夫固然要“先天下之忧而忧”（范仲淹），诗人们也得“为赋新词强说愁”（辛弃疾），因为“忧从中来，不可断绝”（曹操）。甚至就连妓女丫环、贩夫走卒，也懂得“天下兴亡，匹夫有责”，从而“忧国忧民”。

但，我们民族又是乐观的。我们相信“天遂人愿”，相信“善恶有报”，相信“事在人为”，相信“事情再坏也坏不到哪里去”。因此，我们“不改其乐”，哪怕“自得其乐”，也总归“乐在其中”。

一忧一乐，就有礼有乐。礼就是“理”，讲伦理，讲秩序，体现忧患；乐就是“乐”，讲快乐，讲和谐，造就乐观。

礼和乐，也是两只翅膀。

希腊呢？

希腊的翅膀，是科学精神和艺术气质。

正如罗马人痴迷于法律，希腊人则陶醉于科学。希腊人的科学不是实用主义的，他们是“为思想而思想，为科学而科学”。所以，他们能把埃及人用于测量土地和修建金字塔的技术，变成几何学；也能把巴比伦的占星术，变成天文学。有科学这双翅膀，希腊文明就超越了他的埃及爸爸、美索不达米亚妈妈。

与此同时，希腊人又极具艺术气质。正如马克思所说，他们是“正常的儿童”，因此能“为艺术而艺术，为审美而审美”。这种纯粹，使他们即便是在纵欲和淫乐时，也毫无负罪感，更不会道貌岸然。只要干得漂亮，不管是谈天说地，还是寻欢作乐，都会得到喝彩。而且，喝彩的既包括朋友，也包括敌人。

由此可见，科学和艺术，在希腊人那里是对立的，也是统一的。它们统一于单纯，统一于天然，统一于率真。事实上，希腊艺术原本就是感性精神和理性精神的统一。它们在尼采那里被叫做“酒神精神”（狄俄尼索斯精神）和“日神精神”（阿波罗精神），前者体现于音乐，后者体现于造型艺术，尤其是雕塑。

希腊精神是互补的。

同样，忧患心理和乐观态度，也是“互补结构”。忧患是底色，乐观是表情，正如希腊艺术气质的背后，其实是科学精神。它们对立统一，相辅相成，共同塑造着一个伟大民族的精神风貌。

也许这就是秘密所在——那些毁灭了的文明，很可能都是一条腿在走路。

然而希腊与中华，却又迥异其趣。

总体上说，希腊文明是外向和进取的，中华文明则是内向和求稳的。我们的忧患，其实是对乱的恐惧，对治的祈求。因此，尽管两种文明都有翅膀，飞行方式却截然不同。希腊人是“远航”，我们是“盘旋”。因为远航，他们“浴火重生”；因为盘旋，我们“超级稳定”。秦汉以后，甚至西周以后，无论怎样治乱循环改朝换代，都万变不离其宗。

这又是为什么？

## 文化内核

原因在“文化内核”。

什么是“文化”？文化就是“人类生存和发展的方式”。任何时代的任何民族都要生存，都要发展，这是相同的。但如何生存，如何发展，各自不同。不同在哪里？在方式。比如有的靠游牧，有的靠农耕，有的靠商贸，有的靠掠夺。海盗和山贼，也有“文化”的。

文化，就是方式。

但，任何一个文化成熟的民族，都会有一个“总方式”。正是这个“总方式”，决定了民族文化的具体方式，包括为什么西方人吃饭用刀叉，中国人用筷子；也包括为什么西方人喜欢十字架，中国人喜欢太极图。

这个总方式，就叫“文化内核”。

那么，它是什么？

西方是个体意识，中华是群体意识。

我们知道，人，是“个体的存在物”，也是“社会的存在物”。没有个体，不可能构成社会；离开社会，个体又不能生存。因此，任何民族，任何时代，任何社会，都有一个群体与个体的关系问题，无一例外。

区别只在于，以谁为“本位”。

所谓“个体意识”，就是“以个人为本位”，叫“个人本位主义”，简称“个人主义”。个人主义不是自私自利，更不是损人利己。相反，彻底的个人主义者反倒有可能会“利他”。境界高一点的认为，利他能给自己带来快乐，叫“助人为乐”。境界低一点的则认为，通过利他来利己，比通过损人来利己，风险更小而效益更高，叫“人我两利”。至少，真正的个人主义者不会损害他人。因为他很清楚，我是个人，别人也是。我有个人利益，别人也有。我的个人利益不想被损害，别人也会这样想。既然如此，那就“己所不欲，勿施于人”。

但无论哪种，有一点是相同的——个体本位，个人优先。不是什么“大河不满小河干”，而是没有涓涓细流，就没有大江大海。

群体意识则相反。

所谓“群体意识”，就是“以群体为本位”，包括在思想观念上，认为先有群体，后有个体；先有社会，后有个人。族群、社会和国家在个人之上，个人则是其中的一分子，一损俱损，一荣俱荣。因此，个人的价值，首先体现于他所属的群体，比如家族和单位；个人的功过，也影响到甚至决定着群体的荣辱。一人得道，鸡犬升天；一人获罪，满门抄斩，道理就在这里。

问题是，文化内核不同，又怎么样呢？

翅膀便不同。

希腊人（或西方人）既然是“个人本位”的，组成社会就只能靠“非人的第三者”，比如“契约”。这就必须理性，而且得是“科学理性”。他必须像看待数学题一样看待社会问题，像遵守运算法则一样遵守社会规范。但同时，又必须有一个出口，以便在被规范和压抑之余，感性冲动也能得到宣泄和释放。

这就有了艺术。艺术是狄俄尼索斯的世界。在那里，他们不妨酩酊大醉，激情迸发，为所欲为。如此一番放纵之后，就可以心平气和地回到阿波罗身边，继续理性静观和遵纪守法。狂欢节的意义，即在于此。

所以，希腊人有两只翅膀：科学与艺术；罗马人也有两只翅膀：法律与宗教。它们都是“互补结构”，也都体现了

“个体意识”。因为这两只翅膀就像十字架，以自我为中心向外伸展，又回到自己。实际上，当希腊人体现科学精神时，他们面对的是自然界；体现艺术气质时，他们面对的是人自己。这就正如罗马人面对法律，看见的是“物”；面对上帝，看见的是“心”。

群体与个体的矛盾，就这样得到了化解，实现了平衡。

那么，我们民族呢？

## 无神的世界

我们跟西方相反。

没错，华夏民族也有理性，但不是“科学理性”，而是“道德理性”或“伦理理性”。这种理性认为，人类天然地就是“群体的存在物”。群体是先于个体的，也是高于个体的。没有群体，就没有个体。个体存在的价值、意义和任务，就是在群体中找到自己的位置，并恪守本分，作出贡献。因此，面对他人，要克制自己，叫“克己复礼”；面对自己，则要融入集体，叫“天伦之乐”。

很清楚，我们的忧与乐，都是群体和群体性的。是啊，想那天下原本属于圣上，它的兴亡干我等草民屁事？只因为家国一旦沦亡，我们就没了“安身立命之本”，就会累累如丧家之犬，惶惶然不可终日，这才性命攸关。

实际上，事事关心也好，匹夫有责也罢，最担忧的就是“群的解体”。因此中国人的忧患不是“忧天”，而是“上忧其君下忧其民”。同时也乐观，相信“天不会塌下来”，也不能塌下来。天是“人之父母”，如果塌了，奈苍生何？

老天有眼，当然是一种“自欺”，而且是“有意识的自欺”，却又是“很必要的自欺”。无此自欺，内心就会崩溃。何况谁都清楚，那只是心理安慰和精神支持。天下的太平和社会的稳定，落到实处还得靠士农工商军民人等，靠大家“心往一处想”。老天爷其实靠不住，宗教和神就更不靠谱。

必须“以人为本”。中华文明的第一种精神产生了。

这就是“人本精神”。

中华文明也有“人本精神”吗？有，但与西方不同。西方在古希腊时就是“人本”，却又在中世纪变成了“神本”，这才需要“文艺复兴”。我们的人本精神则是相对于商的。商“神本”，周“人本”，如此而已。

但更重要的，是“人”不同。

西人是个体的、独立的、自由的，华人则是群体的、家国的、伦理的。维系群体，靠的是宗法制度、礼乐教化和血缘关系。我们相信，所有人都是“人生父母养”，所有人也都“未敢忘忧国”。因此，重莫大于孝，高莫大于忠，哀莫大于心死，乱莫大于犯上。任何时候，稳定都压倒一切。

然而世界永远在变化，唯一不变的就是“变”。这是《周易》说的，不能不认。何况长翅膀原本为了飞翔，岂能不动？要动，又要稳，就只能“盘旋”。要变，又不能乱，则只能变成“太极图”。

太极图是什么？阴阳二极的“内循环”，或者“窝里斗”。它们可以旋转，可以消长，可以起伏，还可以互换，但不能出圈。至于那“二极”，可以是礼与乐、儒与道、官与民、出与入，等等等等。但总之，是人不是神。

也因此，要礼乐，不要宗教。

礼乐，是从巫术演变而来的。中华史第二卷《国家》说过，进入国家时代后，原始时代的巫术和图腾都得变。巫术在印度变成了宗教，在希腊变成了科学，最后又都变成了哲学。图腾在埃及变成了神，在罗马变成了法，在中国则变成了祖宗，只不过经历了夏商周三代，而且绕了一个弯。简单地说，就是夏把图腾变成了祖宗，商把祖宗变成了神，周又把神变成了圣。

神变成圣，宗教的发生就没了可能。

是的，没有可能。因为圣是人，不是神。圣人崇拜是“人的崇拜”，不是“神的崇拜”。何况之所以要圣，就因为不想要神。因此，我们不可能产生真正的宗教，哪怕人神共处，或者上帝的归上帝，凯撒的归凯撒。

中华文明，注定只能是“无神的世界”。

## 空头支票你要不要

没有宗教，就不会有信仰。

什么是信仰？严格地说，信仰是对超自然、超世俗之存在坚定不移的相信，比如上帝、神，或唯一的主。这样的存在不属于自然界，不能靠科学实验证明；也不属于人类社会，不能靠日常经验证明。没办法，只能“信仰”。

难怪德尔图良大主教说：正因为荒谬，我才信仰。[4]

这样的对象，华夏历来没有。我们之所有，或者是自然的，如荀子的天；或者是世俗的，如墨子的义；或者既是自然的，又是世俗的，如孔子的命。死生有命，是自然的；富贵在天，是世俗的。就连老子的道，也一样。

至于殷商的上帝，则是他们的祖宗帝喾，也不是宗教意义上的神。

当然，民间并不是什么都不信。比方说，信神，信鬼，信风水，却其实“信而不仰”。和尚、道士、风水师，都可以花钱雇。至于烧香拜佛，则不过例行公事，又变成“仰而不信”。你要让他真信，必须“显灵”。所谓“信则灵”，说穿了是“不灵就不信”，或者“灵了我才信”。信不信的标准，是管不管用。

由是之故，我们民族的“信”，没有定准。祖宗、菩萨、狐仙、关老爷、玉皇大帝、太上老君，都可以是崇拜对象。某些农村的神龛里，还有“老一辈无产阶级革命家”。国人对他们，一视同仁地给予礼遇。只要这些神灵能给自己带来实际上的好处，我们是不忌讳改换门庭的。

这是典型的实用主义和经验主义。它的背后，是中华文明的第二种精神。

这就是“现实精神”。

所谓“现实精神”，也就是不承认“彼岸世界”。既没有宗教的彼岸，也没有哲学的彼岸，甚至没有科学的彼岸。杞人忧天一直传为笑柄，清谈则被认为会误国。总之，所有一切抽象的、玄远的、非世俗的、不能兑现的，都不在视线范围之内。什么天堂，什么来世，什么末日审判，什么极乐世界，这些空头支票才没人当真感兴趣，只能哄骗愚夫愚妇。我们感兴趣的，是君臣父子，三纲五常，哥们义气，天地良心。这些都不是信仰，但是管用。

我们真想要的，是世俗的生活。

是啊，男耕女织，四世同堂，父慈子孝，共享天伦，才最是其乐融融。就连桃花源中人，过的也是这种日子；就连《天仙配》里的七仙女，向往的也是这种生活，更不用说芸芸众生了。他们主张的是“心动不如行动”，是“说得到做得到”，甚至“今朝有酒今朝醉”，或者“好死不如赖活着”。

这也是一种“乐观”。

或者说，也是一种“艺术”。

于是有了中华文明的第三种精神，这就是“艺术精神”。

艺术精神不是艺术气质。希腊民族的艺术气质是与生俱来的，是他们童年性情的率真表现，所以才那样烂漫天真。我们民族的艺术精神，却是维稳的手段和结果，是一种陶冶和教化。后世儒家甚至编造出谎言，说帝舜命令后夔（读如葵）掌管文学艺术，以此培养贵族子弟的健全人格。后夔则保证，只要他奏乐，就连野兽和野蛮人都会跳起舞来。[5]

显然，这样的艺术，不可能是“纯艺术”，只能是“泛艺术”。因此在我们民族这里，几乎任何事情都能变成艺术，比如领导艺术、管理艺术、教育艺术。它的境界是达成和谐，底线是糊住面子。有这样一层脉脉温情的面纱遮掩，哪怕尔虞我诈，勾心斗角，明枪暗箭，专制独裁，都不至于太难看。

至于小民，则可以苦中取乐，忙里偷闲，舒展眉头把日子过下去。

奇怪！我们民族不要宗教的“空头支票”，却陶醉于艺术的“自我安慰”，并持之以恒乐此不疲，又是为什么？

也许还得问周公。

## 大盘点

据说，周公摄政一共七年。头三年平息叛乱，第四年封建诸侯，第五年营建成周，第六年制礼作乐，第七年还政成王。礼乐制度，是他最后的作品。

可惜没人知道周公怎么想。

何况奠基中华的，也不止他一个人。

但做一个盘点，是可以的。

线索也很清晰。

首先是忧患，忧患“天命无常”而“不易为王”，这才有了“君权天授”。[6] 然而就连周人自己也认为，他们的领导权和代表权，名为“天授”，实为“民授”，这就必须“以人为本”，也就有了“人本精神”。而且，这种精神还可以也应该这样表述——

天人合一归于人。

当然，得补充一句：是群体的、家国的、伦理的人。

群体至上，就只能“以德治国”。何况华夏国家的建立，并没有经过“炸毁氏族组织”的革命，反倒直接从氏族和部落过渡而来。夏商周，都如此。周人建立的国家联盟，更是家国一体的家天下。基础，是井田制的小农经济；纽带，是宗法制的血缘关系。对于这样的群体，德与礼，显然比法律更合适，也更管用。

德治的结果是人治，以德治国也必然变成圣人治国。这倒是相当契合人本精神。于是有了“一个中心”，这就是德治；也有了“两个基本点”，这就是礼和乐。礼乐是“行得通的力量”，圣人是“看得见的榜样”。以圣人代神祇，以礼乐代宗教，势必将人们的目光引向世俗社会，引向一个个可以落到实处的道德规范。忠不忠，看行动。“现实精神”产生了，它可以也应该这样表述——

知行合一践于行。

同样也得补充一句：是群体的、家国的、伦理的行。

这样一来，也就不难理解“艺术精神”。实际上，艺术就是“以最独特的形式，传达最共同的情感”。形式独特，就引人入胜；情感共同，就引起共鸣。共鸣，就心心相印，就息息相通，就团结友爱，就同心同德。总之，艺术的功能之一就是“群”。以喜闻乐见的形式实现“群体意识”，则是中国艺术的特征。

因此，我们民族的“艺术精神”可以也应该这样表述——

礼乐合一成于乐。

毫无疑问，这里说的“乐”，是音乐（艺术），也是快乐（审美）。但无论艺术还是审美，也无论其风格是温柔敦厚、汪洋恣肆、恬淡虚静还是潇洒飘逸，都是群体的、家国的、伦理的，也是和谐的。即便有戏剧冲突，亦无非忠与孝、仁与义、人情与王法的矛盾；而冤案则总能平反，结局肯定大团圆。因为我们不但要忧国忧民，还要自得其乐。

忧是出发点，乐是终点站，群体意识则是一以贯之的文化内核。

这就是周人的遗产，是他们文化创新和制度创新的产物：一个内核（群体意识），两只翅膀（忧患、乐观），三大精神（人本、现实、艺术），四种制度（井田、封建、宗法、礼乐），堪称体大思精、尽善尽美。

实际上，从“君权天授”，到“以人为本”，到“以德治国”；到“以礼维持秩序，以乐保证和谐”，周人创造的原本就是一个完整、自洽、互补、稳定的系统，涵盖了经济、政治、社会、文化诸多方面。中华文明超级稳定毫不奇怪，展翅盘旋就更是当然。后来即便外族入侵，也只是大水冲了龙王庙。

周人，也许真是皇天上帝的“嫡长子”。

嫡长子是有特权的。在此后将近五六百年的大好时光里，周的君子和淑女们青春年少，心智洞开，遂演绎出无法复制的倜傥风流。

那才真是“中华范儿”。

后记

# 时间开始了

## 1．观念

对于人类来说，有三个问题是普遍而永恒的：是什么、为什么、怎么办。自然科学、社会科学和人文学科，其实都在各自领域试图回答它们，只不过并非所有人都能够回答，或愿意回答。

比如历史学。

在人文学科（文史哲）当中，历史学，尤其是考古学，可能最接近于自然科学。所以，学历史的，尤其是学古代史和世界史的，要比像我这样学文学的靠谱，也比一般学哲学的靠谱。没有证据的话，他们不会说。以论带史，更是史家大忌。先入为主，主观臆断，结论在前，在史学界都是违反职业道德的。

由此造成的结果，是历史学家一般更愿意描述“是什么”，而不愿意回答“为什么”，哪怕仅仅是为了避嫌。

这很让人尊敬，但也遗憾。

没错，在尚未掌握大量证据，甚至在尚未接触史料之前，就先验地设定一个框架，然后按照某种所谓“范式”去进行撰述，是危险的。历史不是布料，可以随便裁剪。历史学也不能是“布店”，或“中药铺”。没有人能把整匹布披在身上。把“药材”按照一定的顺序放进一个个小抽屉里，标明黄芪、党参、当归、白术等，则充其量只是“数据库”，不是“历史学”。

因此，反对“以论带史”，不能因噎废食到不要史观。事实上，一个伟大民族的文明史，也一定同时是她的观念史。正是观念，或者说，价值取向，决定了这个民族的文明道路。观念的更新或坚守，则构成历史的环节。这些环节就像古埃及的“诺姆”（部落和部落国家），被尼罗河联成一串珠链。

观念，就是尼罗河。

从发源地到入海口，构成价值观发展演变的河床，则是逻辑。

与逻辑相一致的历史，是“真历史”。按照真实逻辑来阐述真实历史，就叫“思辨说史”。这样一种撰述，哪怕文字的表述再文学，骨子里也是哲学的。显然，这需要史观，需要史识，需要史胆，甚至需要直觉和灵感。

也许，还需要天赋。

当然，也需要启迪。

## 2．启迪

启迪来自方方面面。

与专业的历史学家不同，我更喜欢琢磨“为什么”。除了天性以外，也多少受好朋友邓晓芒的影响。晓芒是超一流的哲学家。20世纪80年代初，我和他一起做中西美学比较，便讨论过中西文化的本质区别。也就在那时，晓芒提出中国文化的内核是“群体意识”，西方文化的内核是“个体意识”，两种文明也各有两只翅膀，即文化心理的“互补结构”。内核的说法是邓晓芒的创新，互补结构则受到徐复观、李泽厚和高尔泰等先生的启发，思想源头更要追溯到尼采。

这些观点，后来写进了我们合著的《黄与蓝的交响》一书，现在则成为本卷的思想基石。[1]

不过这绝非“概念先行”。相反，这些结论本身就是研究的结果。而且，以后我的一系列研究成果，比如1995年出版的《闲话中国人》等，则一再证明它们是成立的。至少，逻辑自洽。

在此基础上，我在20世纪90年代初，又提出了中华文明的三大精神。

这是受到汤一介先生的影响。汤先生认为中国文化的精神是天人合一、知行合一和情景合一。但我认为，“礼乐合一”比“情景合一”更合适。而且，准确的说法，应该是“天人合一归于人，知行合一践于行，礼乐合一成于乐”。这样说，才能完整地表述我们民族的人本精神、现实精神和艺术精神。[2]

一个内核（群体意识），两只翅膀（忧患心理和乐观态度），三大精神（人本精神、现实精神、艺术精神），体系构建起来了。

这是一个“文化系统”。

系统是一定有逻辑起点的。而且，系统的建立虽然是一个渐进的过程，但其中肯定会有一个决定性的时刻。那么，这个时刻可能在何时，可以称之为“奠基者”的又是谁呢？

直觉告诉我，是周人。

## 3．直觉

把周公或周人看作中华文明的“耶稣基督”或“穆罕默德”，不算创见。学界的主流意见，也大体如此。[3] 问题在于，为什么不是夏，不是商，而是周？

也许，因为周原在“两河之间”。

这是写中华史第二卷《国家》时发现的。在巡航高度可以清楚地看到，除埃及文明只有一条母亲河外，西亚、印度和华夏，都诞生在两河流域。西亚是幼发拉底河与底格里斯河，印度是印度河与恒河，西周文明则发源于泾水和渭水之间。以后发展为中华文明，又在长江与黄河之间，还是“美索不达米亚”。

两河之间的冲积平原，是农业民族的福地。然而埃及文明衰亡了，西亚文明陨落了，印度多元多变多种族，很难说有统一的“印度文明”。只有中华文明三千七百年延续至今，虽不免老态龙钟麻烦不少，却仍然具有顽强的生命力。

直觉告诉我，这里面必有文章。

文章就在制度。

与埃及、西亚和印度不同，周人创立了当时世界上最先进、最优秀也最健全的制度——井田、封建、宗法、礼乐。井田是经济制度，封建是政治制度，宗法是社会制度，礼乐是文化制度。更重要的是，这些制度环环相扣，配套互补，符合“中国国情”。因此，是稳定的。

这是一个系统工程。

制度工程的背后，是观念体系。从“君权天授”，到“以人为本”，到“以德治国”，再到“以礼维持秩序，以乐保证和谐”，本身就是一个完整和自洽的系统。周人，确实是“早熟的儿童”；周公，确实是“文化的始祖”。

但，这样说，要有证据。

## 4. 证据

就说“以德治国”。

周人重德，有大量的文献可以证明。[4]问题是，单靠文献，不足为凭。比如按照《尚书》的说法，商王盘庚也是讲“德”的。[5]那么，“以德治国”是周人独有的观念，或者说，真是从西周开始的吗？

这可得拿出铁证来。

办法是先查殷商时期的甲骨文和金文中，有没有“德”字。如果有，再看其含义是不是“道德的德”。

结论很快就有了。甲骨文有“德”，但词义是“得到”，也表示“失去”。《古文字诂林》中，没有殷商时期金文的“德”。金文的第一个“德”字，见于“何尊”。何尊是西周青铜器，而且是成王时期的作品，记载了周公营建“成周”（洛阳）的史实，叫“宅兹中国”。这也是“中国”一词的最早文字记载。

金文的“德”与“中国”同时出现，岂非“天意”？

实话说，当我一眼发现这秘密时，真是按捺不住心中的狂喜。但我不敢造次，立即联系上海博物馆青铜器研究部的胡嘉麟老师，请他帮我“排雷”。

我问：殷商青铜器上有“德”字吗？

胡老师说，应该没有。

我又问：何尊上的“德”，是目前发现最早的金文“德”字吗？

胡老师说，目前是。

我再问：这个“德”，是“道德的德”吗？

胡老师说，是。因为原文是“恭德裕天”。他还特地提醒我：并非所有金文的“德”，都是“道德的德”。比如“德鼎”和“德方鼎”的“德”，就是人名。

我眼睛一亮：灵感来了！

## 5．灵感

灵感来自字形之别。

金文的“德”与甲骨文的“德”，有一个明显的区别，就是甲骨文由“彳”和“目”组成，金文则多出一个“心”。《古文字诂林》收入“德”字甲骨文共二十个，都没有“心”。金文中，不表示“道德”（比如用作人名）的，也没有“心”。字形，与甲骨文更是如出一辙。

这就说明，道德之德，即“有心之得”。而且，把“眼中所见”（得到）变成“心中所得”（道德）的，正是周人。事实上，何尊所谓“恭德裕天”，就是“以德配天”思想的体现。

这种思想大量见于文献记载，现在又有青铜器为证。“以德治国”为周人所独有独创，已是铁证如山。

不，“铜”证如山。

后面的推理也瓜熟蒂落，水到渠成。道德的德，既然是跟“天”，跟“中国”联系在一起的，则“受天命而居中国，居中国者治天下”，岂非就是周人的政治理念？后来，历代皇帝都自称“奉天承运”，北京天坛的占地面积远大于紫禁城，岂非正是周人思想的延续？[6]

周，难道不是中华文明的奠基者？

当然是。

灵光现，百事通。其他，比如“商礼为仪，周礼为制”，又如“神授是宗教性的，天授是伦理性的”，以及“姬周株式会社”等，已无须赘述。反正，中华文明的基石奠定了，时间也开始了。[7]

逻辑成立，证据确凿，剩下的是细节。

## 6. 细节

细节，是顾问团队一直强调的。

开始写作中华史时，首席顾问曹永正就推荐学习《我们的故事：美国》。路金波组织了编辑团队集体观看，李蕾把这个学习称之为“气质培训”，陈勤则把该纪录片的叙事方式总结为“大历史，小人物”。

这很对，也很难。因为所谓“二十四史”，基本上是“帝王家谱”。小人物的故事，上哪儿找去？

但，细节决定成败。

发现细节，则需要直觉和灵感。

本卷提到的那个“爱国贼”南蒯，已经是能够找到的最小的小人物了。作为季孙氏大夫的家臣，他根本就没资格“树碑立传”。能留下姓名，算是万幸。这个人，是我在读杨宽先生《西周史》时发现的。可见只要有心，便总能在“宏大叙事”中发现“漏网之鱼”。

关键，是要有这个意识。

中华史第二卷《国家》里古希腊那个“卖香肠的”，则是读斯塔夫里阿诺斯《全球通史》时发现的。该书只是把《阿里斯托芬》这部讽刺喜剧的片段，作为“链接”附在正文旁边，我却认为大有文章可做。通过吉尔伯特·默雷的《古希腊文学史》，我查到了《骑士》公演的时间是在公元前424年。于是很快就在《史记·赵世家》中找到了东周晋国的故事。那个莫名其妙被杀的倒霉鬼，虽然是“君之子”，却名不见经传，也是“小人物”呢！

然而一个“卖香肠的”，一个“掉脑袋的”，搁在一起好玩极了。希腊民主制和西周封建制的比较，更是意味深长。

实际上西周对于中华文明的意义，是相当于希腊之于西方文明的。只不过借用马克思的说法，希腊人是“正常的儿童”，我们民族则是“早熟的儿童”。因此在各自的童年时代，当然会表现出不同的气质。

这是下一卷要讲的。

# 注释

## 总注

本卷涉及之西周史实，均请参看司马迁《史记·周本纪》、范文澜《中国通史》、翦伯赞《先秦史》、杨宽《西周史》、许倬云《西周史》。

## 第一章

1. 关于殷纣王之死,《史记》只说“登鹿台，衣其宝玉衣，赴火而死”，没说火是谁放的。《史记正义》引《周书》称:“纣取天智玉琰五，环身以自焚。”

2. 周武王来不及脱下战袍就“格于庙”，见《逸周书·世俘解》。

3. 周公姓姬名旦，也叫“文公”或“叔旦”。他是周文王的儿子、周武王的弟弟、周成王的叔叔。因为采邑（封地）在他们民族的发祥地“周”（今陕西省岐山县），所以叫“周公”。由于武王在伐纣之后没几年就病故了，继位的成王年幼，周公成为新政权最重要的领导人之一。至于周公是否“摄政称王”，学界历来争议很大。有说他摄政称王的，有说他只摄政不称王的，还有说他既没摄政也没称王的。但说他是主要领导人，应无问题。

4. 周公创作的《文王》一诗，见《诗·大雅·文王》:“侯服于周，天命靡常，殷士肤敏，祼将于京。厥作祼将，常服黼冔，王之荩臣，无念尔祖。无念尔祖，聿修厥德，永言配命，自求多福。殷之未丧师，克配上帝，宜鉴于殷，骏命不易。命之不易，无遏尔躬，宣昭义问，有虞殷自天。上天之载，无声无臭。仪刑文王，万邦作孚。”

5. 公亶父，《史记》和许多历史著作都称为“古公亶父”，是不对的。《诗经》中“古公亶父”的“古”，是“昔”的意思，请参看杨宽《西周史》。

6. 周原的野菜是甜的，见《诗·大雅·绵》：“周原膴膴，堇荼如饴。”猫头鹰叫起来都像唱歌，见《诗·鲁颂·泮水》：“翩彼飞鸮，集于泮林。食我桑葚，怀我好音。”

7.《诗·小雅·无羊》：“谁谓尔无羊？三百维群。谁谓尔无牛？九十其犉。尔羊来思，其角濈濈。尔牛来思，其耳湿湿。”

8.《诗·大雅·公刘》的原文是：“笃公刘，匪居匪康。乃埸乃疆，乃积乃仓；乃裹糇粮，于橐于囊。思辑用光，弓矢斯张；干戈戚扬，爰方启行。”

9. 考古学家已经发现，商周青铜礼器的差异就是“商重酒，周重食”。商人的礼器多为酒器，比如尊、罍（读如雷）、卣（读如有）、斝（读如假）、爵；周则多为食器，比如鼎、簋（读如鬼）、盨（读如须）、鬲（读如利）、豆。

10.“飞龙在天，利见大人”，《周易》乾卦第五爻（九五）的爻辞，可译为：龙高飞于天，利于大德之人出来治世。

11.关于革命的合理性和政权的合法性问题,《诗·大雅》中的《文王》、《皇矣》、《荡》,《尚书》中的《大诰》、《酒诰》、《召诰》、《君奭》等,都在回答。

12.“皇天上帝,改厥元子”,见《尚书·召诰》;“文王在上,於昭于天”,见《诗经·大雅·文王》。

13.“射天”的仪式或游戏,见《史记》之《殷本纪》和《宋世家》,并请参看许倬云《西周史》。

14.王国维《殷周制度论》称:殷周之变,乃是“旧制度废而新制度兴,旧文化废而新文化兴”。

## 第二章

1.子鱼反对人牲,见《左传·僖公十九年》。

2.陈子亢反对人殉,见《礼记·檀弓下》。

3.孔子说“为俑者不仁”,见《礼记·檀弓下》;“始作俑者,其无后乎”,见《孟子·梁惠王上》。

4.周在克商之前“大国畏其力,小国怀其德”,见《左传·襄公三十一年》。

5.张荫麟先生甚至认为,武王伐纣取得成功,另有两个原因。一是“纣克东夷而陨其身”，二是“昔周饥，克殷而年丰”，也就是武王利用了饥饿的力量，因掠夺粮食而发动战争。见《中国史纲》。

6. 周公说“我道惟宁王德延”，见《尚书·君奭》。

7. 卫和宋是殷和商的音变，见杨宽《西周史》。

8.《周书·康诰》：“孟侯，朕其弟，小子封。惟乃丕显考文王，克明德慎罚；不敢侮鳏寡，庸庸，祇祇，威威，显民，用肇造我区夏，越我一二邦以修我西土。惟时怙冒，闻于上帝，帝休，天乃大命文王。殪戎殷，诞受厥命越厥邦民，惟时叙，乃寡兄勖。肆汝小子封在兹东土。”

9.“德”在卜辞中被借用来表示“失”，见《古文字诂林》第二册第470页。

10. 何尊，1963年陕西宝鸡贾村塬出土，现藏宝鸡市博物馆。

11.《诗·商颂·那》：“猗与那与，置我鞉鼓。奏鼓简简，衎我烈祖。汤孙奏假，绥我思成。鞉鼓渊渊，嘒嘒管声。既和且平，依我磬声。於赫汤孙，穆穆厥声。庸鼓有斁，万舞有奕。我有嘉客，亦不夷怿。自古在昔，先民有作。温恭朝夕，执事有恪。顾予烝尝，汤孙之将。”

## 第三章

1. 东征将士的回忆，见《诗·豳风·破斧》：“既破我斧，又缺我锜。周公东征，四国是皇。哀我人斯，亦孔之将。既破我斧，又缺我銶。周公东征，四国是吪。哀我人斯，亦孔之嘉。既破我斧，又缺我斨。周公东征，四国是遒。哀我人斯，亦孔之休。”

2.《左传·僖公二十四年》：“昔周公吊二叔之不成，故封建亲戚以蕃屏周。”

3. 比如姜太公的齐国，就长期有两个姬姓的“上卿”，一个叫“国子”，一个叫“高子”，号称“二守”。

4. 实际上，国原本叫邦，比如“邦交”，比如“邦有道”或“邦无道”。后来，由于避汉高祖的讳，许多文献中的“邦”都改成了“国”。因此，叫“邦”，叫“国”，叫“邦国”，都没错。

5. 公侯伯子男五等爵制度，可能要到西周中后期才成熟。

6. 王社、国社、侯社，见《礼记·祭法》。

## 第四章

1. 妾为女奴，见《古文字诂林》第三册第152页；女奴通称为妾，见《左传·僖公十七年》。

2. 季孙氏的这个家臣叫南蒯，事见《左传·昭公十二年》。

3. “封略之内，何非君土；食土之毛，何非君臣”，见《左传·昭公七年》。

4. 周天下破产的过程和结果，是中华史第五卷要讲的事。

## 第五章

1. 事见《左传·昭公十四年》。

2. 详见拙著《闲话中国人》。

3. 关于这一点，李泽厚先生《美的历程》有非常精彩的论述。

4. 父母的年纪，必须挂在心上，还得“一则以喜，一则以惧”，见《论语·里仁》。

5. 君臣“和敬”，宗族“和顺”，父子“和亲”，见《礼记·乐记》。

6. 乡饮酒礼在清道光二十三年因经费原因被废。

7. 溱，读如真。溱水源出河南密县。洧，读如委。洧水即河南双洎河。洎读如既。《诗·郑风·溱洧》：“溱与洧，方涣涣兮。士与女，方秉蕳兮。女曰‘观乎?’士曰‘既且。’‘且往观乎!’洧之外，洵訏且乐。维士与女，伊其相谑，赠之以勺药。”

## 第六章

1. 自称“天下之王”的古亚述国王叫沙姆希·阿达德。

2. 请参看张建、袁园《巴比伦文明》，北京出版社2008年版。

3. 关于中华文明和希腊文明的两只翅膀，请参看邓晓芒、易中天《黄与蓝的交响》。

4. 德尔图良（Tertullian）的话，见卡西尔《人论》。

5. 帝舜和后夔的对话，见《尚书·舜典》。

6. “天命无常”原作“天命靡常”，见《诗·大雅·文王》；“不易为王”原作“不易维王”，见《诗·大雅·大明》。

## 后记

1. 该书原名《走出美学的迷惘》，花山文艺出版社1989年版；后更名为《黄与蓝的交响》，人民文学出版社1999年版，武汉大学出版社2007年版，第一作者邓晓芒。

2. 请参看拙撰《论中国文化的精神》，收入《中华文化研究》一书，厦门大学出版社1994年版。

3. 王国维称，中国政治与文化之变革，莫剧于殷周之际（《殷周制度论》）；杨向奎称，没有周公，就没有礼乐文明和儒家思想，中华文明就会是另一种精神状态(《宗周社会与礼乐文明》);陈来称,今天所谓“中国文化”,其基因和特点有许多都是在西周开始形成的,西周文化和周公思想形塑了中国文化的精神气质(《古代宗教与伦理》);启良称,周公是中华民族的“文化先祖”(《中国文明史》)。

4. 周人重德,文献中屡见不鲜,如《尚书》之《泰誓》、《康诰》、《酒诰》、《召诰》、《多士》、《君奭》、《立政》,频繁出现“德”字,《诗经》和《左传》也有类似观念。

5. 见《尚书·盘庚》。

6. 明清时期的天坛,东西长1700米,南北宽1600米,总面积272万平方米。紫禁城南北长961米,东西宽753米,总面积72万平方米。天坛占地面积大约为紫禁城的四倍。但紫禁城的建筑物比天坛多几十倍。文献记载中,长安天坛也是皇宫的四倍。

7. 1949年10月2日,胡风在《人民日报》发表长诗,题目就叫《时间开始了》。至于中华文明真正开始的时间,当在西周。之前,应看作序曲。

周，是我们民族的青春期，既天真烂漫，也少年老成。
那杀身成仁的刺客，追求真爱的情人，英武自重的战士，忠于职守的人臣，
不卑不亢的使节，顺从民意的鬼神，无不表现出千古流芳的中华精神。

## 敬请关注

《易中天中华史：刺客与情人》

《易中天中华史：文明的意志与中华的位置》
是什么在导引着我们的步伐，
又是什么在顽强地支持和维系着中华这古老的文明？
文明的意志，决定了未来全球的天下大势与何去何从，
以及谁将是“带头大哥”。

《易中天中华史：祖先》
看清自己，必定要追根溯源。
神话和传说，都是民族的童年记忆，无不隐含着某种文化的秘密和梦想。
发现我们祖先女娲、伏羲、炎黄、尧舜的本来面目。

《易中天中华史：国家》
为什么文明的标志是国家？为什么国家的标志是城市？
为什么世界各国的体制五花八门？
国家的秘密究竟在哪里？

易中天中华史：奠基者

责任编辑｜金荣良　统筹｜赵海萍　特约编辑｜应凡　孙雯
封面设计｜余雷　版式设计｜白咏明　后期制作｜顾利军
责任印制｜蒋建浩　执行印制｜梁拥军　责任发行｜柴贵满
媒体运营｜何旋　营销顾问｜吴怀尧

首席顾问｜曹永正　学术顾问｜陈勤
出品人｜李蕾　路金波
法律顾问｜黄荣楠

鸣谢赵闯先生为本书精心创作美术作品

公司网站：http://www.guomai.cc
官方微博：http://weibo.com/gmguomai

**图书在版编目（CIP）数据**

奠基者/易中天著.—杭州：浙江文艺出版社，2013.7

（易中天中华史）

ISBN 978-7-5339-3758-4

Ⅰ.①奠… Ⅱ.①易… Ⅲ.①中国历史－西周时代－研究 Ⅳ.①K224.07

中国版本图书馆CIP数据核字（2013）第147950号

统　　筹　赵海萍
责任编辑　金荣良
特约编辑　应　凡　孙　雯
封面设计　余　雷
版式设计　白咏明
绘　　画　赵　闯

**易中天中华史**
**奠基者**
易中天　著

出版　浙江文艺出版社
地址　杭州市体育场路347号　　邮编　310006
网址　www.zjwycbs.cn
经销　浙江省新华书店集团有限公司
印刷　北京汇林印务有限公司
开本　890mm×1280mm　1/32
字数　109千字
印张　6.25
版次　2013年7月第1版　2013年7月第1次印刷
书号　ISBN 978-7-5339-3758-4
定价　29.00元